Sabor Chinês

Receitas Autênticas e Segredos Culinários

Li Wei

Índice

carne de porco estufada picante 9
Pãezinhos De Porco Cozidos No Vapor 11
Carne De Porco Com Repolho 13
Carne De Porco Com Repolho E Tomate 15
Carne de porco marinada com repolho 16
Carne De Porco Com Aipo 18
Carne de porco com castanhas e cogumelos 19
Suey Chop 20
Yakisoba de porco 22
Chow Mein De Porco Assado 24
Carne De Porco Com Chutney 25
Carne De Porco Com Pepino 27
Pacotes de carne de porco crocante 28
Rolinhos de porco 29
Rolinhos primavera com carne de porco e camarão 30
Carne de porco estufada com ovos 31
porco em chamas 32
Bife De Porco Frito 34
Carne de porco com cinco especiarias 35
Carne de porco perfumada estufada 36
Carne de porco com alho picado 38
Carne de porco frita com gengibre 39
Carne De Porco Com Feijão Verde 40
Carne de porco com presunto e tofu 41
Espetos De Porco Frito 43
Perna de porco estufada ao molho vermelho 44
Carne De Porco Marinada 46
Costeletas de porco marinadas 47
Carne De Porco Com Cogumelos 48
Bolo De Carne Cozido No Vapor 49
Carne de porco cozida com cogumelos 50

Panqueca De Porco Com Macarrão *51*
Panqueca de porco e camarão com macarrão *52*
Carne de porco com molho de ostra *54*
Carne de porco com amendoim *55*
Carne de porco com pimentão *57*
Carne de porco picante com picles *58*
Carne de porco com molho de ameixa *60*
Carne de porco com camarão *61*
Carne de porco cozida vermelha *62*
Carne de porco ao molho vermelho *63*
Carne de porco com macarrão de arroz *65*
Deliciosas almôndegas de porco *67*
Costeletas de porco assadas *68*
Carne De Porco Temperada *69*
Fatias De Porco Macio *71*
Carne de porco com espinafre e cenoura *72*
Carne De Porco Cozida No Vapor *73*
Carne de porco frita *74*
Carne de porco com batata doce *75*
carne de porco agridoce *77*
Carne De Porco Salgada *79*
Carne De Porco Com Tofu *80*
Carne De Porco Frita Macia *81*
carne de porco cozida duas vezes *82*
Carne de porco com legumes *83*
Carne De Porco Com Nozes *85*
almôndegas de porco *86*
Carne de porco com castanhas d'água *87*
Wontons com carne de porco e camarão *88*
Bolinhos cozidos no vapor *89*
Costelas com molho de feijão preto *91*
costelas grelhadas *93*
Costelas de bordo grelhadas *94*
costela frita *95*
Costelas com alho-poró *96*
Costelas com cogumelos *98*

costela de laranja *99*
Costelinha De Abacaxi *101*
Costelinha de Camarão Crocante *103*
Costelas em vinho de arroz *104*
Costelinha de porco com sementes de gergelim *105*
Spaneribs doces e macios *107*
costela frita *109*
Costela com Tomate *110*
Carne de porco assada para churrasco *112*
Carne de porco fria com mostarda *113*
Frango com broto de bambu *114*
Presunto cozido no vapor *115*
Bacon com repolho *116*
frango com amêndoa *117*
Frango com Amêndoas e Castanhas D'água *119*
Frango com amêndoas e legumes *120*
Frango com anis *122*
Frango com Damascos *124*
Frango com aspargos *125*
Frango com Berinjela *127*
Frango Enrolado com Bacon *128*
Frango com broto de feijão *129*
Frango com molho de feijão preto *130*
Frango com brócolis *132*
Frango com repolho e amendoim *134*
Frango com castanha de caju *135*
Frango com Castanhas *137*
Frango Picante Com Pimentão *138*
Frango salteado com pimenta *140*
Frango Chinês *142*
chow mein de frango *144*
Frango frito crocante e picante *146*
Frango frito com pepino *148*
Curry de frango e pimenta *150*
Frango ao curry chinês *152*
Caril de Frango Rápido *153*

Frango ao curry com batatas *154*
Coxas De Frango Frito *155*
Frango frito com molho de curry *156*
"Frango bêbado *157*
frango com ovos *159*
Rolinhos primavera de frango *161*
Frango Estufado com Ovos *163*
Frango do Extremo Oriente *165*
Foo Yung Kip *167*
Presunto Foo Yung e Frango *168*
Frango Frito com Gengibre *169*
Frango Gengibre *170*
Frango ao gengibre com cogumelos e castanhas *171*
frango dourado *172*
Ensopado de Frango Dourado Marinado *173*
Frango cozido no vapor com presunto *175*
Frango com molho hoisin *176*
frango com mel *178*
Frango Kung Pao *179*
Frango com alho-poró *181*
frango com limão *182*
Frango salteado com limão *184*
Fígado de frango com broto de bambu *186*
fígados de frango frito *187*
Fígados de frango com ervilhas *188*
Fígado de frango com panqueca de macarrão *190*
Fígados de frango com molho de ostra *191*
Fígado de frango com abacaxi *192*
Fígados de frango agridoce *193*
Frango Lichia *194*
Frango com molho de lichia *196*
Frango com ervilhas *198*
Frango com Manga *199*
frango e melão *201*
Frango salteado e cogumelos *202*
Frango com cogumelos e amendoim *203*

Frango salteado com cogumelos 205
Frango cozido no vapor com cogumelos 207
frango com cebola 208
Frango com Laranja e Limão 209
Frango com molho de ostra 210
Frango com Manteiga de Amendoim 211
Frango com Ervilhas 213
Frango Pequinês 214
Frango com pimentão 215
Frango salteado com pimentão 217

carne de porco estufada picante

Para 4 pessoas

450g/1lb de carne de porco cortada em cubos

sal e pimenta

30 ml / 2 colheres de sopa de molho de soja

30 ml / 2 colheres de sopa de molho hoisin

45 ml / 3 colheres de sopa de óleo de amendoim

120 ml/4 fl oz/½ xícara de vinho de arroz ou xerez seco

300 ml / ½ pt / 1¼ xícara de caldo de galinha

5 ml/1 colher de chá de cinco especiarias em pó

6 cebolinhas (cebolinha), picadas

225g de cogumelos ostra, fatiados

15 ml / 1 colher de sopa de amido de milho (amido de milho)

Tempere a carne com sal e pimenta. Coloque num prato e misture com o molho de soja e o molho hoisin. Cubra e deixe marinar por 1 hora. Aqueça o azeite e frite a carne até dourar. Adicione o vinho ou xerez, o caldo e cinco especiarias em pó, deixe ferver, tampe e cozinhe por 1 hora. Adicione a cebolinha e os cogumelos, retire a tampa e cozinhe por mais 4 minutos. Misture o amido de milho com um pouco de água, deixe ferver novamente e cozinhe em fogo baixo, mexendo, por 3 minutos até o molho engrossar.

Pãezinhos De Porco Cozidos No Vapor

por 12

30 ml / 2 colheres de sopa de molho hoisin

15 ml / 1 colher de sopa de molho de ostra

15 ml / 1 colher de sopa de molho de soja

2,5 ml / ½ colher de chá de óleo de gergelim

30 ml / 2 colheres de sopa de óleo de amendoim

10 ml / 2 colheres de chá de raiz de gengibre ralada

1 dente de alho esmagado

300 ml / ½ pt / 1¼ xícara de água

15 ml / 1 colher de sopa de amido de milho (amido de milho)

225 g de carne de porco cozida e picada

4 cebolinhas (cebolinha), finamente picadas

350 g / 12 onças / 3 xícaras de farinha (multiuso)

15 ml / 1 colher de sopa de fermento em pó

2,5 ml / ½ colher de chá de sal

50 g / 2 onças / ½ xícara de banha

5 ml / 1 colher de chá de vinagre de vinho

12 x 13 cm / 5 quadrados de papel manteiga

Misture o hoisin, a ostra e o molho de soja e o óleo de gergelim. Aqueça o azeite e frite o gengibre e o alho até dourar. Adicione a mistura do molho e refogue por 2 minutos. Misture 120 ml/4 fl oz/½ xícara de água com amido de milho e mexa na panela. Deixe ferver, mexendo, e cozinhe em fogo baixo até a mistura engrossar. Adicione a carne de porco e a cebola e deixe esfriar.

Misture a farinha, o fermento e o sal. Esfregue a banha até que a mistura fique parecida com uma farinha de rosca fina. Misture o vinagre de vinho e a água restante e depois misture com a farinha até formar uma massa compacta. Sove levemente sobre uma superfície enfarinhada, tampe e deixe descansar por 20 minutos.

Sove a massa novamente e divida-a em 12 pedaços e forme uma bola com cada massa. Abra até 15 cm/6 em círculo sobre uma placa enfarinhada. Coloque colheradas do recheio no centro de cada círculo, pincelando as bordas com água e apertando as bordas para selar o recheio. Pincele um lado de cada quadrado de papel encerado com óleo. Coloque cada rolo em um quadrado de papel, com a costura voltada para baixo. Coloque os sanduíches em uma única camada sobre uma grelha a vapor sobre a água fervente. Cubra e cozinhe os sanduíches no vapor por cerca de 20 minutos até ficarem cozidos.

Carne De Porco Com Repolho

Para 4 pessoas

6 cogumelos chineses secos

30 ml / 2 colheres de sopa de óleo de amendoim

450 g de carne de porco cortada em tiras

2 cebolas picadas

2 pimentões vermelhos cortados em tiras

350 g de repolho branco picado

2 dentes de alho picados

2 pedaços de gengibre com talo, picados finamente

30 ml / 2 colheres de sopa de mel

45 ml / 3 colheres de sopa de molho de soja

120 ml/4 fl oz/½ xícara de vinho branco seco

sal e pimenta

10 ml / 2 colheres de chá de farinha de milho (amido de milho)

15 ml / 1 colher de sopa de água

Mergulhe os cogumelos em água morna por 30 minutos e depois escorra. Retire os talos e corte a parte superior em rodelas. Aqueça o azeite e frite a carne de porco até dourar levemente. Adicione os legumes, o alho e o gengibre e refogue por 1 minuto. Adicione o mel, o molho de soja e o vinho, deixe ferver, tampe e cozinhe por 40 minutos até a carne ficar macia. Tempere com sal e pimenta. Misture o amido de milho e a água e misture na panela. Deixe ferver, mexendo sempre, e cozinhe por 1 minuto.

Carne De Porco Com Repolho E Tomate

Para 4 pessoas

30 ml / 2 colheres de sopa de óleo de amendoim

450 g de carne de porco magra cortada em flocos

sal e pimenta moída na hora

1 dente de alho esmagado

1 cebola picada

½ repolho picado

450 g de tomate pelado e cortado em quartos

250 ml/8 fl oz/1 xícara de caldo

30 ml / 2 colheres de sopa de amido de milho (amido de milho)

15 ml / 1 colher de sopa de molho de soja

60 ml / 4 colheres de sopa de água

Aqueça o azeite e frite a carne de porco, o sal, a pimenta, o alho e a cebola até dourar. Adicione o repolho, o tomate e o caldo, deixe ferver, tampe e cozinhe por 10 minutos até que o repolho esteja macio. Misture a farinha de milho, o molho de soja e a água até formar uma pasta, mexa na panela e cozinhe em fogo baixo, mexendo, até o molho ficar claro e espesso.

Carne de porco marinada com repolho

Para 4 pessoas

350 g de barriga de porco
2 cebolinhas (cebolinha), picadas
1 fatia de raiz de gengibre, picada finamente
1 pau de canela
3 dentes de anis estrelado
45 ml / 3 colheres de sopa de açúcar mascavo
600 ml / 1 pt / 2½ xícaras de água
15 ml / 1 colher de sopa de óleo de amendoim
15 ml / 1 colher de sopa de molho de soja
5 ml / 1 colher de chá de purê de tomate (concentrado)
5 ml / 1 colher de chá de molho de ostra
100g/4 onças de corações de bok choy
100g de pak choi

Corte a carne de porco em pedaços de 10cm/4cm e coloque numa tigela. Adicione a cebolinha, o gengibre, a canela, o anis estrelado, o açúcar e a água e deixe descansar por 40 minutos. Aqueça o azeite, retire a carne de porco da marinada e coloque na frigideira. Frite até dourar levemente e depois acrescente o molho de soja, o purê de tomate e o molho de ostra. Deixe ferver e cozinhe até a carne de porco ficar macia e o líquido reduzir, cerca de 30 minutos. Se necessário adicione um pouco mais de água durante o cozimento.

Enquanto isso, cozinhe os corações de repolho e o pak choi em água fervente por cerca de 10 minutos. Coloque em uma travessa quente, cubra com a carne de porco e despeje o molho por cima.

Carne De Porco Com Aipo

Para 4 pessoas

45 ml / 3 colheres de sopa de óleo de amendoim
1 dente de alho esmagado
1 cebolinha (cebolinha) picada
1 fatia de raiz de gengibre, picada finamente
225 g de carne de porco magra, cortada em tiras
100 g de aipo em fatias finas
45 ml / 3 colheres de sopa de molho de soja
15 ml / 1 colher de sopa de vinho de arroz ou xerez seco
5 ml / 1 colher de chá de farinha de milho (amido de milho)

Aqueça o azeite e refogue o alho, a cebolinha e o gengibre até dourar levemente. Adicione a carne de porco e frite por 10 minutos até dourar. Adicione o aipo e refogue por 3 minutos. Adicione os ingredientes restantes e refogue por 3 minutos.

Carne de porco com castanhas e cogumelos

Para 4 pessoas

4 cogumelos chineses secos

100 g / 4 onças / 1 xícara de castanhas

30 ml / 2 colheres de sopa de óleo de amendoim

2,5 ml / ½ colher de chá de sal

450g/1lb de carne de porco magra, cortada em cubos

15 ml / 1 colher de sopa de molho de soja

375 ml de caldo de galinha

100 g de castanhas d'água fatiadas

Mergulhe os cogumelos em água morna por 30 minutos e depois escorra. Retire os talos e corte as pontas ao meio. Escalde as castanhas em água fervente por 1 minuto e depois escorra. Aqueça o azeite e o sal e frite a carne de porco até dourar levemente. Adicione o molho de soja e refogue por 1 minuto. Adicione o caldo e ferva. Adicione as castanhas e as castanhas-d'água, deixe ferver, tampe e cozinhe até a carne ficar macia, cerca de 1 hora.

Suey Chop

Para 4 pessoas

100g de brotos de bambu cortados em tiras
100g de castanhas-d'água cortadas em fatias finas
60 ml / 4 colheres de sopa de óleo de amendoim
3 cebolinhas (cebolinha), picadas
2 dentes de alho esmagados
1 fatia de raiz de gengibre, picada finamente
225 g de carne de porco magra, cortada em tiras
45 ml / 3 colheres de sopa de molho de soja
15 ml / 1 colher de sopa de vinho de arroz ou xerez seco
5 ml / 1 colher de chá de sal
5 ml / 1 colher de chá de açúcar
pimenta moída na hora
15 ml / 1 colher de sopa de amido de milho (amido de milho)

Escalde os brotos de bambu e as castanhas-d'água em água fervente por 2 minutos, escorra e seque. Aqueça 45ml/3 colheres de sopa de óleo e refogue a cebolinha, o alho e o gengibre até dourar levemente. Adicione a carne de porco e refogue por 4 minutos. Retire da panela.

Aqueça o restante do azeite e frite os legumes por 3 minutos. Adicione a carne de porco, o molho de soja, o vinho ou xerez, o sal, o açúcar e uma pitada de pimenta e refogue por 4 minutos. Misture o amido de milho com um pouco de água, coloque na panela e leve ao fogo baixo, mexendo, até o molho clarear e engrossar.

Yakisoba de porco

Para 4 pessoas

4 cogumelos chineses secos
30 ml / 2 colheres de sopa de óleo de amendoim
2,5 ml / ½ colher de chá de sal
4 cebolinhas (cebolinha), picadas
225 g de carne de porco magra, cortada em tiras
15 ml / 1 colher de sopa de molho de soja
5 ml / 1 colher de chá de açúcar
3 talos de aipo picados finamente
1 cebola cortada em rodelas
100 g de cogumelos cortados ao meio
120 ml/4 fl oz/½ xícara de caldo de galinha
espaguete frito

Mergulhe os cogumelos em água morna por 30 minutos e depois escorra. Retire os talos e corte a parte superior em rodelas. Aqueça o azeite e o sal e frite a cebolinha até ficar macia. Adicione a carne de porco e cozinhe até dourar levemente. Misture o molho de soja, o açúcar, o aipo, a cebola e os cogumelos frescos e secos e refogue por cerca de 4 minutos até que os ingredientes estejam bem misturados.

Adicione o caldo e cozinhe por 3 minutos. Adicione metade do macarrão à panela e misture delicadamente, depois adicione o macarrão restante e mexa até aquecer.

Chow Mein De Porco Assado

Para 4 pessoas

100g de broto de feijão
45 ml / 3 colheres de sopa de óleo de amendoim
100 g de repolho chinês picado
225g de porco assado, fatiado
5 ml / 1 colher de chá de sal
15 ml / 1 colher de sopa de vinho de arroz ou xerez seco

Escalde os brotos de feijão em água fervente por 4 minutos e escorra. Aqueça o azeite e frite o broto de feijão e o repolho até ficarem macios. Adicione a carne de porco, o sal e o xerez e refogue até aquecer bem. Adicione metade do macarrão escorrido à panela e mexa delicadamente até aquecer. Adicione o macarrão restante e misture até aquecer.

Carne De Porco Com Chutney

Para 4 pessoas

5 ml/1 colher de chá de cinco especiarias em pó
5 ml / 1 colher de chá de curry em pó
450 g de carne de porco cortada em tiras
30 ml / 2 colheres de sopa de óleo de amendoim
6 cebolinhas (cebolinhas), cortadas em tiras
1 talo de aipo cortado em tiras
100g de broto de feijão
1 frasco de 200g/7oz de picles chineses doces, cortados em cubos
45 ml / 3 colheres de sopa de chutney de manga
30 ml / 2 colheres de sopa de molho de soja
30 ml / 2 colheres de sopa de molho de tomate (pasta)
150 ml / ¼ pt / generoso ½ xícara de caldo de galinha
10 ml / 2 colheres de chá de farinha de milho (amido de milho)

Esfregue bem as ervas sobre a carne de porco. Aqueça o azeite e frite a carne por 8 minutos ou até ficar cozida. Retire da panela. Adicione os legumes à panela e refogue por 5 minutos. Retorne a carne de porco à frigideira com todos os ingredientes restantes, exceto fubá. Mexa até aquecer completamente.

Misture o amido de milho com um pouco de água, coloque na panela e leve ao fogo baixo, mexendo, até o molho engrossar.

Carne De Porco Com Pepino

Para 4 pessoas

225 g de carne de porco magra, cortada em tiras
30 ml / 2 colheres de sopa de farinha (para todos os fins)
sal e pimenta moída na hora
60 ml / 4 colheres de sopa de óleo de amendoim
225g de pepino, descascado e fatiado
30 ml / 2 colheres de sopa de molho de soja

Coloque a carne de porco na farinha e tempere com sal e pimenta. Aqueça o azeite e frite a carne de porco por cerca de 5 minutos. Adicione o pepino e o molho de soja e refogue por mais 4 minutos. Verifique e ajuste os temperos e sirva com arroz frito.

Pacotes de carne de porco crocante

Para 4 pessoas

4 cogumelos chineses secos
30 ml / 2 colheres de sopa de óleo de amendoim
225 g de lombo de porco picado (moído)
50 g de camarão descascado e cortado em pedaços
15 ml / 1 colher de sopa de molho de soja
15 ml / 1 colher de sopa de amido de milho (amido de milho)
30 ml / 2 colheres de sopa de água
8 embalagens de rolinho primavera
100 g / 4 onças / 1 xícara de farinha de milho (amido de milho)
óleo para fritar

Mergulhe os cogumelos em água morna por 30 minutos e depois escorra. Retire os talos e pique finamente as pontas. Aqueça o azeite e frite os cogumelos, a carne de porco, o camarão e o molho de soja durante 2 minutos. Misture a farinha de milho e a água até obter uma pasta e acrescente à mistura para fazer o recheio.

Corte os wraps em tiras, coloque um pouco de recheio no final de cada uma e enrole em triângulos, selando com um pouco de farinha e água. Polvilhe generosamente com amido de milho. Aqueça o óleo e frite os triângulos até ficarem crocantes e dourados. Escorra bem antes de servir.

Rolinhos de porco

Para 4 pessoas

225 g de carne de porco magra, cortada em pedaços
1 fatia de raiz de gengibre, picada finamente
1 cebola picada
15 ml / 1 colher de sopa de molho de soja
15 ml / 1 colher de sopa de água
12 rolinhos primavera
1 ovo batido
óleo para fritar

Misture a carne de porco, o gengibre, a cebola, o molho de soja e a água. Coloque um pouco de recheio no centro de cada folha e pinte as bordas com ovo batido. Dobre as laterais e enrole o rolinho primavera para longe de você, selando as bordas com o ovo. Cozinhe no vapor por 30 minutos até que a carne de porco esteja cozida. Aqueça o óleo e frite por alguns minutos até ficar crocante e dourado.

Rolinhos primavera com carne de porco e camarão

Para 4 pessoas

30 ml / 2 colheres de sopa de óleo de amendoim
225 g de carne de porco magra, cortada em pedaços
6 cebolinhas (cebolinha), picadas
225 g de broto de feijão
100 g de camarão descascado e cortado em pedaços
15 ml / 1 colher de sopa de molho de soja
2,5 ml / ½ colher de chá de sal
12 rolinhos primavera
1 ovo batido
óleo para fritar

Aqueça o azeite e frite a carne de porco e a cebolinha até dourar levemente. Enquanto isso, escalde os brotos de feijão em água fervente por 2 minutos e escorra. Adicione os brotos de feijão à panela e refogue por 1 minuto. Adicione o camarão, o molho de soja e o sal e refogue por 2 minutos. Deixar esfriar.

Coloque um pouco de recheio no centro de cada folha e pinte as bordas com ovo batido. Dobre as laterais e enrole os rolinhos primavera, selando as bordas com o ovo. Aqueça o óleo e frite os rolinhos primavera até ficarem crocantes e dourados.

Carne de porco estufada com ovos

Para 4 pessoas

450 g/1 libra de carne de porco magra

30 ml / 2 colheres de sopa de óleo de amendoim

1 cebola picada

90 ml / 6 colheres de sopa de molho de soja

45 ml / 3 colheres de sopa de vinho de arroz ou xerez seco

15 ml / 1 colher de sopa de açúcar mascavo

3 ovos cozidos

Leve uma panela com água para ferver, acrescente a carne de porco, volte a ferver e cozinhe até dourar. Retire da panela, escorra bem e corte em cubos. Aqueça o azeite e frite a cebola até ficar macia. Adicione a carne de porco e refogue até dourar levemente. Adicione o molho de soja, o vinho ou xerez e o açúcar, tampe e cozinhe por 30 minutos, mexendo de vez em quando. Faça um pequeno corte na parte externa dos ovos, coloque-os na panela, tampe e cozinhe por mais 30 minutos.

porco em chamas

Para 4 pessoas

450 g de lombo de porco cortado em tiras
30 ml / 2 colheres de sopa de molho de soja
30 ml / 2 colheres de sopa de molho hoisin
5 ml/1 colher de chá de cinco especiarias em pó
15 ml / 1 colher de sopa de pimenta
15 ml / 1 colher de sopa de açúcar mascavo
15 ml / 1 colher de sopa de óleo de gergelim
30 ml / 2 colheres de sopa de óleo de amendoim
6 cebolinhas (cebolinha), picadas
1 pimentão verde cortado em pedaços
200g de broto de feijão
2 rodelas de abacaxi cortadas em cubos
45 ml / 3 colheres de sopa de molho de tomate (ketchup)
150 ml / ¼ pt / generoso ½ xícara de caldo de galinha

Coloque a carne em uma tigela. Misture o molho de soja, o molho hoisin, cinco especiarias em pó, pimenta e açúcar, regue com a carne e deixe marinar por 1 hora. Aqueça o azeite e frite a carne até dourar. Retire da panela. Adicione os legumes e refogue por 2 minutos. Adicione o abacaxi, o ketchup e o caldo e deixe ferver. Retorne a carne para a panela e aqueça antes de servir.

Bife De Porco Frito

Para 4 pessoas

350 g de lombo de porco em cubos
15 ml / 1 colher de sopa de vinho de arroz ou xerez seco
15 ml / 1 colher de sopa de molho de soja
5 ml / 1 colher de chá de óleo de gergelim
30 ml / 2 colheres de sopa de amido de milho (amido de milho)
óleo para fritar

Misture a carne de porco, o vinho ou o xerez, o molho de soja, o óleo de gergelim e a farinha de milho até formar uma massa espessa. Aqueça o azeite e frite a carne de porco até ficar crocante, cerca de 3 minutos. Retire a carne de porco da frigideira, aqueça o azeite e frite novamente por cerca de 3 minutos.

Carne de porco com cinco especiarias

Para 4 pessoas

225 g de carne de porco magra
5 ml / 1 colher de chá de farinha de milho (amido de milho)
2,5 ml / ½ colher de chá de cinco especiarias em pó
2,5 ml / ½ colher de chá de sal
15 ml / 1 colher de sopa de vinho de arroz ou xerez seco
20 ml / 2 colheres de sopa de óleo de amendoim
120 ml/4 fl oz/½ xícara de caldo de galinha

Corte finamente a carne de porco na contramão. Misture a carne de porco com o fubá, cinco especiarias em pó, sal e vinho ou xerez e misture bem para cobrir a carne de porco. Deixe descansar por 30 minutos, mexendo de vez em quando. Aqueça o azeite, acrescente a carne de porco e frite por cerca de 3 minutos. Adicione o caldo, deixe ferver, tampe e cozinhe por 3 minutos. Sirva imediatamente.

Carne de porco perfumada estufada

Para 6-8 pessoas

1 pedaço de casca de tangerina
45 ml / 3 colheres de sopa de óleo de amendoim
900 g de carne de porco magra cortada em cubos
250 ml/8 fl oz/1 xícara de vinho de arroz ou xerez seco
120 ml/4 fl oz/½ xícara de molho de soja
2,5 ml / ½ colher de chá de anis em pó
½ pau de canela
4 dentes
5 ml / 1 colher de chá de sal
250 ml/8 fl oz/1 xícara de água
2 cebolinhas (cebolinha), fatiadas
1 fatia de raiz de gengibre, picada finamente

Mergulhe a casca da tangerina em água enquanto prepara o prato. Aqueça o azeite e frite a carne de porco até dourar levemente. Adicione o vinho ou xerez, o molho de soja, o anis em pó, a canela, o cravo, o sal e a água. Deixe ferver, acrescente a casca da tangerina, a cebolinha e o gengibre. Cubra e cozinhe até ficar macio, cerca de 1 hora e meia, mexendo ocasionalmente e adicionando um pouco mais de água fervente, se necessário. Retire as ervas antes de servir.

Carne de porco com alho picado

Para 4 pessoas

450 g / 1 libra de barriga de porco, sem pele
3 fatias de raiz de gengibre
2 cebolinhas (cebolinha), picadas
30 ml / 2 colheres de sopa de alho picado
30 ml / 2 colheres de sopa de molho de soja
5 ml / 1 colher de chá de sal
15 ml / 1 colher de sopa de caldo de galinha
2,5 ml / ½ colher de chá de óleo de pimenta
4 raminhos de coentro

Numa panela coloque a carne de porco com o gengibre e a cebolinha, cubra com água, leve ao fogo e cozinhe por 30 minutos até ficar macia. Retire e escorra bem, depois corte em fatias finas de cerca de 5cm/2 quadrados. Coloque as fatias em uma peneira de metal. Numa panela leve água para ferver, acrescente as rodelas de porco e cozinhe por 3 minutos até ficar morna. Coloque em uma travessa quente. Misture o alho, o molho de soja, o sal, o caldo e o óleo de pimenta e despeje uma colher de sopa sobre a carne de porco. Sirva decorado com coentro.

Carne de porco frita com gengibre

Para 4 pessoas

225 g de carne de porco magra
5 ml / 1 colher de chá de farinha de milho (amido de milho)
30 ml / 2 colheres de sopa de molho de soja
30 ml / 2 colheres de sopa de óleo de amendoim
1 fatia de raiz de gengibre, picada finamente
1 cebolinha (chalota), picada
45 ml / 3 colheres de sopa de água
5 ml / 1 colher de chá de açúcar mascavo

Corte finamente a carne de porco na contramão. Adicione a farinha de milho, polvilhe com o molho de soja e misture novamente. Aqueça o azeite e frite a carne de porco por 2 minutos até ficar bem selada. Adicione o gengibre e a cebolinha e refogue por 1 minuto. Adicione a água e o açúcar, tampe e cozinhe até ficar macio, cerca de 5 minutos.

Carne De Porco Com Feijão Verde

Para 4 pessoas

450g/1lb de feijão verde picado

30 ml / 2 colheres de sopa de óleo de amendoim

2,5 ml / ½ colher de chá de sal

1 fatia de raiz de gengibre, picada finamente

225 g de carne de porco magra picada (moída)

120 ml/4 fl oz/½ xícara de caldo de galinha

75 ml / 5 colheres de sopa de água

2 ovos

15 ml / 1 colher de sopa de amido de milho (amido de milho)

Escalde o feijão por cerca de 2 minutos e depois escorra-o. Aqueça o azeite e frite o sal e o gengibre por alguns segundos. Adicione a carne de porco e refogue até dourar levemente. Adicione o feijão e refogue por 30 segundos e cubra com azeite. Adicione o caldo, deixe ferver, tampe e cozinhe por 2 minutos. Bata 30 ml / 2 colheres de sopa de água com os ovos e misture na panela. Misture o restante da água com o amido de milho. Quando os ovos começarem a engrossar, acrescente a farinha de milho e cozinhe até engrossar a mistura. Sirva imediatamente.

Carne de porco com presunto e tofu

Para 4 pessoas

4 cogumelos chineses secos
5 ml / 1 colher de chá de óleo de amendoim
100 g de presunto defumado, fatiado
225g de tofu fatiado
225g de carne de porco magra, fatiada
15 ml / 1 colher de sopa de vinho de arroz ou xerez seco
sal e pimenta moída na hora
1 fatia de raiz de gengibre, picada finamente
1 cebolinha (cebolinha) picada
10 ml / 2 colheres de chá de farinha de milho (amido de milho)
30 ml / 2 colheres de sopa de água

Mergulhe os cogumelos em água morna por 30 minutos e depois escorra. Retire os talos e corte as pontas ao meio. Esfregue uma tigela refratária com óleo de amendoim. Coloque os cogumelos, o presunto, o tofu e a carne de porco no prato, com a carne de porco por cima. Polvilhe com vinho ou xerez, sal e pimenta, gengibre e cebolinha. Cubra e cozinhe em uma gradinha sobre água fervente por cerca de 45 minutos. Despeje o molho da tigela sem alterar os ingredientes. Adicione água suficiente para perfazer 250 ml/8 fl oz/1 xícara. Misture o amido de milho e a água e adicione ao molho. Transfira para uma tigela e cozinhe, mexendo, até o molho clarear e engrossar. Despeje a mistura de carne de porco em uma travessa quente.

Espetos De Porco Frito

Para 4 pessoas

450 g de lombo de porco em fatias finas
100 g de presunto cozido em fatias finas
6 castanhas-d'água em fatias finas
30 ml / 2 colheres de sopa de molho de soja
30 ml / 2 colheres de sopa de vinagre de vinho
15 ml / 1 colher de sopa de açúcar mascavo
15 ml / 1 colher de sopa de molho de ostra
algumas gotas de óleo de pimenta
45 ml / 3 colheres de sopa de amido de milho (amido de milho)
30 ml / 2 colheres de sopa de vinho de arroz ou xerez seco
2 ovos batidos
óleo para fritar

Alternadamente, coloque a carne de porco, o presunto e as castanhas-d'água nos espetos. Misture o molho de soja, o vinagre de vinho, o açúcar, o molho de ostra e o óleo de pimenta. Despeje sobre os espetos, tampe e deixe marinar na geladeira por 3 horas. Misture fubá, vinho ou xerez e ovos até ficar homogêneo e espesso. Vire os espetos na massa para revestir. Aqueça o óleo e frite os espetos até dourar.

Perna de porco estufada ao molho vermelho

Para 4 pessoas

1 perna de porco grande

1 l / 1½ pt / 4¼ xícaras de água fervente

5 ml / 1 colher de chá de sal

120 ml/4 fl oz/½ xícara de vinagre de vinho

120 ml/4 fl oz/½ xícara de molho de soja

45 ml / 3 colheres de sopa de mel

5 ml / 1 colher de chá de bagas de zimbro

5 ml / 1 colher de chá de semente de anis

5 ml / 1 colher de chá de coentro

60 ml / 4 colheres de sopa de óleo de amendoim

6 cebolinhas (cebolinhas), fatiadas

2 cenouras em fatias finas

1 talo de aipo fatiado

45 ml / 3 colheres de sopa de molho hoisin

30 ml / 2 colheres de sopa de chutney de manga

75 ml / 5 colheres de sopa de molho de tomate (pasta)

1 dente de alho esmagado

60 ml / 4 colheres de sopa de cebolinha picada

Leve a fervura a coxa de porco com a água, o sal, o vinagre de vinho, 45 ml/3 colheres de sopa de molho de soja, o mel e as ervas. Adicione os vegetais, volte a ferver, tampe e cozinhe até a carne ficar macia, cerca de 1 hora e meia. Retire a carne e os legumes da frigideira, corte a carne dos ossos e corte em cubos. Aqueça o azeite e frite a carne até dourar. Adicione os legumes e refogue por 5 minutos. Adicione o restante do molho de soja, o molho hoisin, o chutney, o purê de tomate e o alho. Deixe ferver enquanto mexe e cozinhe por 3 minutos. Sirva polvilhado com cebolinha.

Carne De Porco Marinada

Para 4 pessoas

450 g/1 libra de carne de porco magra
1 fatia de raiz de gengibre, picada finamente
1 dente de alho esmagado
90 ml / 6 colheres de sopa de molho de soja
15 ml / 1 colher de sopa de vinho de arroz ou xerez seco
45 ml / 3 colheres de sopa de óleo de amendoim
1 cebolinha (chalota), picada
15 ml / 1 colher de sopa de açúcar mascavo
pimenta moída na hora

Misture a carne de porco com o gengibre, o alho, 30 ml / 2 colheres de sopa de molho de soja e o vinho ou xerez. Deixe descansar por 30 minutos, mexendo de vez em quando, depois retire a carne da marinada. Aqueça o azeite e frite a carne de porco até dourar levemente. Adicione a cebolinha, o açúcar, o restante do molho de soja e uma pitada de pimenta, tampe e cozinhe até que a carne de porco esteja cozida, cerca de 45 minutos. Corte a carne de porco em cubos e sirva.

Costeletas de porco marinadas

Para 6 pessoas

6 costeletas

1 fatia de raiz de gengibre, picada finamente

1 dente de alho esmagado

90 ml / 6 colheres de sopa de molho de soja

30 ml / 2 colheres de sopa de vinho de arroz ou xerez seco

45 ml / 3 colheres de sopa de óleo de amendoim

2 cebolinhas (cebolinha), picadas

15 ml / 1 colher de sopa de açúcar mascavo

pimenta moída na hora

Corte o osso das costeletas e corte a carne em cubos. Misture o gengibre, o alho, 30ml/2 colheres de sopa de molho de soja e o vinho ou xerez, regue com a carne de porco e deixe marinar durante 30 minutos, mexendo de vez em quando. Retire a carne da marinada. Aqueça o azeite e frite a carne de porco até dourar levemente. Adicione a cebolinha e refogue por 1 minuto. Misture o restante do molho de soja com o açúcar e uma pitada de pimenta. Adicione o molho, deixe ferver, tampe e cozinhe até a carne de porco ficar macia, cerca de 30 minutos.

Carne De Porco Com Cogumelos

Para 4 pessoas

25g/1oz de cogumelos chineses secos
30 ml / 2 colheres de sopa de óleo de amendoim
1 dente de alho picado
225 g de carne de porco magra, cortada em flocos
4 cebolinhas (cebolinha), picadas
15 ml / 1 colher de sopa de molho de soja
15 ml / 1 colher de sopa de vinho de arroz ou xerez seco
5 ml / 1 colher de chá de óleo de gergelim

Mergulhe os cogumelos em água morna por 30 minutos e depois escorra. Descarte os caules e corte as pontas. Aqueça o azeite e frite o alho até dourar levemente. Adicione a carne de porco e frite até dourar. Misture as cebolinhas, os cogumelos, o molho de soja e o vinho ou xerez e frite por 3 minutos. Adicione o óleo de gergelim e sirva imediatamente.

Bolo De Carne Cozido No Vapor

Para 4 pessoas

450g/1lb de carne de porco picada (moída)
4 castanhas-d'água picadas finamente
225 g de cogumelos picados
5 ml / 1 colher de chá de molho de soja
sal e pimenta moída na hora
1 ovo levemente batido

Misture bem todos os ingredientes e forme um purê em uma assadeira. Coloque o prato em uma gradinha no vaporizador, tampe e cozinhe no vapor por uma hora e meia.

Carne de porco cozida com cogumelos

Para 4 pessoas

450g/1lb de carne de porco magra, cortada em cubos
250 ml/8 fl oz/1 xícara de água
15 ml / 1 colher de sopa de molho de soja
15 ml / 1 colher de sopa de vinho de arroz ou xerez seco
5 ml / 1 colher de chá de açúcar
5 ml / 1 colher de chá de sal
225g de cogumelos

Coloque a carne de porco e a água em uma panela e leve a água para ferver. Tampe e cozinhe por 30 minutos, depois escorra e reserve o caldo. Retorne a carne de porco à panela e adicione o molho de soja. Cozinhe em fogo baixo, mexendo, até que o molho de soja seja absorvido. Adicione o vinho ou xerez, o açúcar e o sal. Despeje o caldo reservado, deixe ferver, tampe e cozinhe por cerca de 30 minutos, virando a carne de vez em quando. Adicione os cogumelos e cozinhe por mais 20 minutos.

Panqueca De Porco Com Macarrão

Para 4 pessoas

30 ml / 2 colheres de sopa de óleo de amendoim

5 ml / 2 colheres de chá de sal

225 g de carne de porco magra, cortada em tiras

1 xícara (225 g) de bok choy picado

100g/4 onças de brotos de bambu picados

100g de cogumelos em fatias finas

150 ml / ¼ pt / generoso ½ xícara de caldo de galinha

10 ml / 2 colheres de chá de farinha de milho (amido de milho)

15 ml / 1 colher de sopa de vinho de arroz ou xerez seco

15 ml / 1 colher de sopa de água

panqueca de macarrão

Aqueça o azeite e frite o sal e a carne de porco até ficar clara. Adicione o repolho, os brotos de bambu e os cogumelos e frite por 1 minuto. Adicione o caldo, deixe ferver, tampe e cozinhe por 4 minutos até que a carne de porco esteja cozida. Misture o amido de milho até formar uma pasta com o vinho ou xerez e a água, coloque na panela e cozinhe em fogo baixo, mexendo, até o molho clarear e engrossar. Despeje sobre a panqueca de massa folhada para servir.

Panqueca de porco e camarão com macarrão

Para 4 pessoas

30 ml / 2 colheres de sopa de óleo de amendoim
5 ml / 1 colher de chá de sal
4 cebolinhas (cebolinha), picadas
1 dente de alho esmagado
225 g de carne de porco magra, cortada em tiras
100g de cogumelos fatiados
4 talos de aipo fatiados
225 g de camarão descascado
30 ml / 2 colheres de sopa de molho de soja
10 ml / 1 colher de chá de farinha de milho (amido de milho)
45 ml / 3 colheres de sopa de água
panqueca de macarrão

Aqueça o azeite e o sal e frite a cebolinha e o alho até ficarem macios. Adicione a carne de porco e refogue até dourar levemente. Adicione os cogumelos e o aipo e refogue por 2 minutos. Adicione o camarão, polvilhe com o molho de soja e mexa até aquecer. Misture a farinha de milho e a água até formar uma pasta, mexa na panela e cozinhe em fogo baixo, mexendo até ficar bem quente. Despeje sobre a panqueca de massa folhada para servir.

Carne de porco com molho de ostra

Para 4-6 pessoas

450 g/1 libra de carne de porco magra
15 ml / 1 colher de sopa de amido de milho (amido de milho)
10 ml/2 colheres de chá de vinho de arroz ou xerez seco
uma pitada de açúcar
45 ml / 3 colheres de sopa de óleo de amendoim
10 ml / 2 colheres de chá de água
30 ml / 2 colheres de sopa de molho de ostra
pimenta moída na hora
1 fatia de raiz de gengibre, picada finamente
60 ml / 4 colheres de sopa de caldo de galinha

Corte finamente a carne de porco na contramão. Misture 5ml/1 colher de chá de farinha de milho com vinho ou xerez, açúcar e 5ml/1 colher de chá de óleo, adicione à carne de porco e misture bem para revestir. Misture o restante do amido de milho com a água, o molho de ostra e uma pitada de pimenta. Aqueça o restante do azeite e frite o gengibre por 1 minuto. Adicione a carne de porco e refogue até dourar levemente. Adicione o caldo e o molho de ostra e a mistura de água, deixe ferver, tampe e cozinhe por 3 minutos.

Carne de porco com amendoim

Para 4 pessoas

450g/1lb de carne de porco magra, cortada em cubos
15 ml / 1 colher de sopa de amido de milho (amido de milho)
5 ml / 1 colher de chá de sal
1 clara de ovo
3 cebolinhas (cebolinha), picadas
1 dente de alho picado
1 fatia de raiz de gengibre, picada finamente
45 ml / 3 colheres de sopa de caldo de galinha
15 ml / 1 colher de sopa de vinho de arroz ou xerez seco
15 ml / 1 colher de sopa de molho de soja
10 ml / 2 colheres de chá de melaço preto
45 ml / 3 colheres de sopa de óleo de amendoim
½ pepino em cubos
25 g / 1 onça / ¼ xícara de amendoim com casca
5 ml / 1 colher de chá de óleo de pimenta

Misture a carne de porco com metade da farinha de milho, o sal e a clara de ovo e misture bem para cobrir a carne de porco. Misture o amido de milho restante com a cebolinha, o alho, o gengibre, o caldo, o vinho ou xerez, o molho de soja e o melaço. Aqueça o azeite e frite a carne de porco até dourar levemente, depois retire da frigideira. Adicione o pepino à frigideira e refogue por alguns minutos. Retorne a carne de porco para a panela e mexa levemente. Adicione a mistura de especiarias, deixe ferver e cozinhe, mexendo, até o molho clarear e engrossar. Misture o amendoim e o óleo de pimenta e reaqueça antes de servir.

Carne de porco com pimentão

Para 4 pessoas

45 ml / 3 colheres de sopa de óleo de amendoim
225 g de carne de porco magra cortada em cubos
1 cebola picada
2 pimentões verdes cortados em cubos
½ cabeça de folhas chinesas cortadas em cubos
1 fatia de raiz de gengibre, picada finamente
15 ml / 1 colher de sopa de molho de soja
15 ml / 1 colher de sopa de açúcar
2,5 ml / ½ colher de chá de sal

Aqueça o azeite e refogue a carne de porco até dourar, cerca de 4 minutos. Adicione a cebola e refogue por cerca de 1 minuto. Adicione a pimenta e refogue por 1 minuto. Adicione as folhas chinesas e refogue por 1 minuto. Combine os ingredientes restantes, mexa na frigideira e refogue por mais 2 minutos.

Carne de porco picante com picles

Para 4 pessoas

900 gramas de costela de porco
30 ml / 2 colheres de sopa de amido de milho (amido de milho)
45 ml / 3 colheres de sopa de molho de soja
30 ml / 2 colheres de sopa de xerez doce
5 ml / 1 colher de chá de raiz de gengibre ralada
2,5 ml / ½ colher de chá de cinco especiarias em pó
pitada de pimenta moída na hora
óleo para fritar
60 ml / 4 colheres de sopa de caldo de galinha
Legumes em conserva chineses

Corte as costelas, retire toda a gordura e ossos. Misture a farinha de milho, 30ml/2 colheres de sopa de molho de soja, xerez, gengibre, cinco especiarias em pó e pimenta. Despeje sobre a carne de porco e misture bem. Cubra e deixe marinar por 2 horas, mexendo ocasionalmente. Aqueça o azeite e frite a carne de porco até dourar e ficar pronta. Escorra em papel absorvente. Corte a carne de porco em fatias grossas, transfira para uma tigela quente e mantenha quente. Combine o caldo e o molho de soja restante em uma panela pequena. Deixe ferver e regue com as rodelas de porco. Sirva decorado com picles mistos.

Carne de porco com molho de ameixa

Para 4 pessoas

450 g de carne de porco cozida em cubos

2 dentes de alho esmagados

salgado

60 ml / 4 colheres de sopa de molho de tomate (ketchup)

30 ml / 2 colheres de sopa de molho de soja

45 ml / 3 colheres de sopa de molho de ameixa

5 ml / 1 colher de chá de curry em pó

5 ml / 1 colher de chá de páprica

2,5 ml / ½ colher de chá de pimenta moída na hora

45 ml / 3 colheres de sopa de óleo de amendoim

6 cebolinhas (cebolinhas), cortadas em tiras

4 cenouras cortadas em tiras

Marinar a carne com alho, sal, ketchup, molho de soja, molho de ameixa, curry em pó, páprica e pimenta por 30 minutos. Aqueça o azeite e frite a carne até dourar levemente. Retire do wok. Adicione os legumes ao azeite e refogue até ficarem cozidos. Retorne a carne para a panela e aqueça suavemente antes de servir.

Carne de porco com camarão

Para 6-8 pessoas

900g/2lb de carne de porco magra
30 ml / 2 colheres de sopa de óleo de amendoim
1 cebola picada
1 cebolinha (cebolinha) picada
2 dentes de alho esmagados
30 ml / 2 colheres de sopa de molho de soja
50 g de camarão descascado e cortado em pedaços
(Chão)
600 ml / 1 pt / 2½ xícaras de água fervente
15 ml / 1 colher de sopa de açúcar

Leve uma panela com água para ferver, acrescente a carne de porco, tampe e cozinhe por 10 minutos. Retire-os da panela, escorra bem e corte-os em cubos. Aqueça o azeite e refogue a cebola, a cebolinha e o alho até dourar levemente. Adicione a carne de porco e cozinhe até dourar levemente. Adicione o molho de soja e o camarão e frite por 1 minuto. Adicione a água fervente e o açúcar, tampe e cozinhe até a carne de porco ficar macia, cerca de 40 minutos.

Carne de porco cozida vermelha

Para 4 pessoas

675 g de carne de porco magra, cortada em cubos
250 ml/8 fl oz/1 xícara de água
1 fatia de raiz de gengibre em purê
60 ml / 4 colheres de sopa de molho de soja
15 ml / 1 colher de sopa de vinho de arroz ou xerez seco
5 ml / 1 colher de chá de sal
10 ml / 2 colheres de chá de açúcar mascavo

Coloque a carne de porco e a água em uma panela e leve a água para ferver. Adicione o gengibre, o molho de soja, o xerez e o sal, tampe e cozinhe por 45 minutos. Adicione o açúcar, vire a carne, tampe e cozinhe por mais 45 minutos até a carne de porco ficar macia.

Carne de porco ao molho vermelho

Para 4 pessoas

30 ml / 2 colheres de sopa de óleo de amendoim

225 g de rim de porco cortado em tiras

450 g de carne de porco cortada em tiras

1 cebola picada

4 cebolinhas (cebolinhas), cortadas em tiras

2 cenouras cortadas em tiras

1 talo de aipo cortado em tiras

1 pimentão vermelho cortado em tiras

45 ml / 3 colheres de sopa de molho de soja

45 ml / 3 colheres de sopa de vinho branco seco

300 ml / ½ pt / 1¼ xícara de caldo de galinha

30 ml / 2 colheres de sopa de molho de ameixa

30 ml / 2 colheres de sopa de vinagre de vinho

5 ml/1 colher de chá de cinco especiarias em pó

5 ml / 1 colher de chá de açúcar mascavo

15 ml / 1 colher de sopa de amido de milho (amido de milho)

15 ml / 1 colher de sopa de água

Aqueça o azeite e frite os rins por 2 minutos, depois retire-os da frigideira. Aqueça o azeite e frite a carne de porco até dourar levemente. Adicione os legumes e refogue por 3 minutos. Adicione o molho de soja, o vinho, o caldo, o molho de ameixa, o vinagre de vinho, cinco especiarias em pó e o açúcar, deixe ferver, tampe e cozinhe por 30 minutos até ficar macio. Adicione os rins. Misture o amido de milho e a água e misture na panela. Deixe ferver e cozinhe em fogo baixo, mexendo, até o molho engrossar.

Carne de porco com macarrão de arroz

Para 4 pessoas

4 cogumelos chineses secos
100 gramas de macarrão de arroz
225 g de carne de porco magra, cortada em tiras
15 ml / 1 colher de sopa de amido de milho (amido de milho)
15 ml / 1 colher de sopa de molho de soja
15 ml / 1 colher de sopa de vinho de arroz ou xerez seco
45 ml / 3 colheres de sopa de óleo de amendoim
2,5 ml / ½ colher de chá de sal
1 fatia de raiz de gengibre, picada finamente
2 talos de aipo picados finamente
120 ml/4 fl oz/½ xícara de caldo de galinha
2 cebolinhas (cebolinha), fatiadas

Mergulhe os cogumelos em água morna por 30 minutos e depois escorra. Descarte os caules e corte as pontas. Mergulhe o macarrão em água morna por 30 minutos, escorra e corte em pedaços de 5cm/2cm. Coloque a carne de porco em uma tigela. Misture a farinha de milho, o molho de soja e o vinho ou xerez, regue com a carne de porco e misture bem. Aqueça o azeite e frite o sal e o gengibre por alguns segundos. Adicione a carne de porco e refogue até dourar levemente. Adicione os cogumelos e o aipo e refogue por 1 minuto. Adicione o caldo, deixe ferver, tampe e cozinhe por 2 minutos. Adicione o macarrão e aqueça por 2 minutos. Adicione a cebolinha e sirva imediatamente.

Deliciosas almôndegas de porco

Para 4 pessoas

450g/1lb de carne de porco picada (moída)
100g de tofu moído
4 castanhas-d'água picadas finamente
sal e pimenta moída na hora
120 ml/4 fl oz/½ xícara de óleo de amendoim
1 fatia de raiz de gengibre, picada finamente
600 ml / 1 pt / 2½ xícaras de caldo de galinha
15 ml / 1 colher de sopa de molho de soja
5 ml / 1 colher de chá de açúcar mascavo
5 ml / 1 colher de chá de vinho de arroz ou xerez seco

Misture a carne de porco, o tofu e as castanhas e tempere com sal e pimenta. Forme bolas grandes. Aqueça o azeite e frite os bolinhos de porco por todos os lados até dourar e depois retire-os da frigideira. Escorra tudo, exceto 15ml/1 colher de sopa de óleo e adicione o gengibre, o caldo, o molho de soja, o açúcar e o vinho ou xerez. Retorne as almôndegas à panela, deixe ferver e cozinhe por 20 minutos até ficarem cozidas.

Costeletas de porco assadas

Para 4 pessoas

4 costeletas
75 ml / 5 colheres de sopa de molho de soja
óleo para fritar
100 g de talos de aipo
3 cebolinhas (cebolinha), picadas
1 fatia de raiz de gengibre, picada finamente
15 ml / 1 colher de sopa de vinho de arroz ou xerez seco
120 ml/4 fl oz/½ xícara de caldo de galinha
sal e pimenta moída na hora
5 ml / 1 colher de chá de óleo de gergelim

Mergulhe as costeletas no molho de soja até ficarem bem revestidas. Aqueça o azeite e frite as costelas até dourar. Retire e escorra bem. Coloque o aipo no fundo de um prato raso. Polvilhe com a cebolinha e o gengibre e coloque as costeletas por cima. Regue com o vinho ou xerez e o caldo e tempere com sal e pimenta. Polvilhe com óleo de gergelim. Asse no forno pré-aquecido a 200°C/400°C/termostato 6 por 15 minutos.

Carne De Porco Temperada

Para 4 pessoas

1 pepino cortado em cubos

salgado

450g/1lb de carne de porco magra, cortada em cubos

5 ml / 1 colher de chá de sal

45 ml / 3 colheres de sopa de molho de soja

30 ml / 2 colheres de sopa de vinho de arroz ou xerez seco

30 ml / 2 colheres de sopa de amido de milho (amido de milho)

15 ml / 1 colher de sopa de açúcar mascavo

60 ml / 4 colheres de sopa de óleo de amendoim

1 fatia de raiz de gengibre, picada finamente

1 dente de alho picado

1 pimentão vermelho, sem sementes e picado

60 ml / 4 colheres de sopa de caldo de galinha

Polvilhe o pepino com sal e reserve. Misture a carne de porco, o sal, 15ml/1 colher de sopa de molho de soja, 15ml/1 colher de sopa de vinho ou xerez, 15ml/1 colher de sopa de amido de milho, açúcar mascavo e 15ml/1 colher de sopa de óleo. Deixe descansar por 30 minutos e depois retire a carne da marinada. Aqueça o restante do azeite e frite a carne de porco até dourar.

Adicione o gengibre, o alho e a pimenta e refogue por 2 minutos. Adicione o pepino e refogue por 2 minutos. Misture o caldo e o restante do molho de soja, o vinho ou xerez e o fubá com a marinada. Misture tudo na panela e leve para ferver mexendo sempre. Cozinhe em fogo baixo, mexa,

Fatias De Porco Macio

Para 4 pessoas

225g de carne de porco magra, fatiada

2 claras de ovo

15 ml / 1 colher de sopa de amido de milho (amido de milho)

45 ml / 3 colheres de sopa de óleo de amendoim

50g/2oz de brotos de bambu, fatiados

6 cebolinhas (cebolinha), picadas

2,5 ml / ½ colher de chá de sal

15 ml / 1 colher de sopa de vinho de arroz ou xerez seco

150 ml / ¼ pt / generoso ½ xícara de caldo de galinha

Misture a carne de porco com as claras e a farinha de milho até ficar bem revestida. Aqueça o azeite e frite a carne de porco até dourar levemente, depois retire da frigideira. Adicione os brotos de bambu e a cebolinha e refogue por 2 minutos. Retorne a carne de porco à panela com o sal, o vinho ou xerez e o caldo de galinha. Deixe ferver e cozinhe por 4 minutos até que a carne de porco esteja cozida.

Carne de porco com espinafre e cenoura

Para 4 pessoas

225 g de carne de porco magra
2 cenouras cortadas em tiras
225 gramas de espinafre
45 ml / 3 colheres de sopa de óleo de amendoim
1 cebolinha (cebolinha) picada finamente
15 ml / 1 colher de sopa de molho de soja
2,5 ml / ½ colher de chá de sal
10 ml / 2 colheres de chá de farinha de milho (amido de milho)
30 ml / 2 colheres de sopa de água

Corte a carne de porco em fatias finas na contramão e depois em tiras. Escalde as cenouras por cerca de 3 minutos e depois escorra-as. Corte as folhas de espinafre ao meio. Aqueça o azeite e frite a cebolinha até ficar transparente. Adicione a carne de porco e refogue até dourar levemente. Adicione a cenoura e o molho de soja e refogue por 1 minuto. Adicione o sal e o espinafre e refogue por cerca de 30 segundos até começar a amolecer. Misture o amido de milho e a água até formar uma pasta, misture com o molho e refogue até ficar translúcido e sirva imediatamente.

Carne De Porco Cozida No Vapor

Para 4 pessoas

450g/1lb de carne de porco magra, cortada em cubos
120 ml/4 fl oz/½ xícara de molho de soja
120 ml/4 fl oz/½ xícara de vinho de arroz ou xerez seco
15 ml / 1 colher de sopa de açúcar mascavo

Misture todos os ingredientes e coloque em um recipiente resistente ao calor. Cozinhe no vapor em uma grelha sobre água fervente por cerca de 1 hora e meia até ficar cozido.

Carne de porco frita

Para 4 pessoas

25g/1oz de cogumelos chineses secos
15 ml / 1 colher de sopa de óleo de amendoim
450g/1lb de carne de porco magra, fatiada
1 pimentão verde picado
15 ml / 1 colher de sopa de molho de soja
15 ml / 1 colher de sopa de vinho de arroz ou xerez seco
5 ml / 1 colher de chá de sal
5 ml / 1 colher de chá de óleo de gergelim

Mergulhe os cogumelos em água morna por 30 minutos e depois escorra. Descarte os caules e corte as pontas. Aqueça o azeite e frite a carne de porco até dourar levemente. Adicione a pimenta e refogue por 1 minuto. Adicione os cogumelos, o molho de soja, o vinho ou o xerez e o sal e frite alguns minutos até a carne estar cozida. Adicione óleo de gergelim antes de servir.

Carne de porco com batata doce

Para 4 pessoas

óleo para fritar
2 batatas doces grandes, fatiadas
30 ml / 2 colheres de sopa de óleo de amendoim
1 fatia de raiz de gengibre, fatiada
1 cebola picada
450g/1lb de carne de porco magra, cortada em cubos
15 ml / 1 colher de sopa de molho de soja
2,5 ml / ½ colher de chá de sal
pimenta moída na hora
250 ml/8 fl oz/1 xícara de caldo de galinha
30 ml / 2 colheres de sopa de curry em pó

Aqueça o azeite e frite as batatas-doces até dourar. Retire da panela e escorra bem. Aqueça o óleo de amendoim e frite o gengibre e a cebola até dourar levemente. Adicione a carne de porco e refogue até dourar levemente. Adicione o molho de soja, o sal e uma pitada de pimenta, acrescente o caldo e o curry em pó, deixe ferver e cozinhe por 1 minuto, mexendo.

Adicione as batatas fritas, tampe e cozinhe por 30 minutos até que a carne de porco esteja cozida.

carne de porco agridoce

Para 4 pessoas

450g/1lb de carne de porco magra, cortada em cubos
15 ml / 1 colher de sopa de vinho de arroz ou xerez seco
15 ml / 1 colher de sopa de óleo de amendoim
5 ml / 1 colher de chá de curry em pó
1 ovo batido
salgado
100 g de farinha de milho (amido de milho)
óleo para fritar
1 dente de alho esmagado
75 g/3 onças/½ xícara de açúcar
50 g de molho de tomate (ketchup)
5 ml / 1 colher de chá de vinagre de vinho
5 ml / 1 colher de chá de óleo de gergelim

Misture a carne de porco com o vinho ou xerez, o azeite, o caril em pó, o ovo e um pouco de sal. Adicione o amido de milho até que a carne de porco esteja coberta com a massa. Aqueça o azeite até fumegar e depois acrescente algumas vezes os cubos de porco. Cozinhe por cerca de 3 minutos, escorra e reserve. Aqueça o óleo e frite novamente os cubos por cerca de 2 minutos. Retire e deixe escorrer. Aqueça o alho, o açúcar, o ketchup e o vinagre de vinho, mexendo até que o açúcar se dissolva. Deixe ferver, acrescente os cubos de porco e misture bem. Adicione óleo de gergelim e sirva.

Carne De Porco Salgada

Para 4 pessoas

30 ml / 2 colheres de sopa de óleo de amendoim
450g/1lb de carne de porco magra, cortada em cubos
3 cebolinhas (cebolinha), fatiadas
2 dentes de alho esmagados
1 fatia de raiz de gengibre, picada finamente
250 ml/8 fl oz/1 xícara de molho de soja
30 ml / 2 colheres de sopa de vinho de arroz ou xerez seco
30 ml / 2 colheres de sopa de açúcar mascavo
5 ml / 1 colher de chá de sal
600 ml / 1 pt / 2½ xícaras de água

Aqueça o azeite e frite a carne de porco até dourar. Escorra o excesso de óleo, acrescente a cebolinha, o alho e o gengibre e frite por 2 minutos. Adicione o molho de soja, o vinho ou xerez, o açúcar e o sal e misture bem. Adicione água, deixe ferver, tampe e cozinhe por 1 hora.

Carne De Porco Com Tofu

Para 4 pessoas

450 g/1 libra de carne de porco magra

45 ml / 3 colheres de sopa de óleo de amendoim

1 cebola picada

1 dente de alho esmagado

225 g de cubos de tofu

375 ml de caldo de galinha

15 ml / 1 colher de sopa de açúcar mascavo

60 ml / 4 colheres de sopa de molho de soja

2,5 ml / ½ colher de chá de sal

Coloque a carne de porco em uma panela e cubra com água. Deixe ferver e cozinhe por 5 minutos. Escorra e deixe esfriar e corte-os em cubos.

Aqueça o azeite e refogue a cebola e o alho até dourar levemente. Adicione a carne de porco e cozinhe até dourar levemente. Adicione o tofu e misture delicadamente até ficar coberto com óleo. Adicione o caldo, o açúcar, o molho de soja e o sal, deixe ferver, tampe e cozinhe até a carne de porco ficar macia, cerca de 40 minutos.

Carne De Porco Frita Macia

Para 4 pessoas

225 g de lombo de porco em cubos

1 clara de ovo

30 ml / 2 colheres de sopa de vinho de arroz ou xerez seco

salgado

225 g de farinha de milho (amido de milho)

óleo para fritar

Misture a carne de porco com a clara de ovo, o vinho ou xerez e um pouco de sal. Aos poucos adicione farinha de milho suficiente para obter uma massa grossa. Aqueça o azeite e frite a carne de porco até dourar, crocante por fora e macia por dentro.

carne de porco cozida duas vezes

Para 4 pessoas

225 g de carne de porco magra
45 ml / 3 colheres de sopa de óleo de amendoim
2 pimentões verdes cortados em pedaços
2 dentes de alho picados
2 cebolinhas (cebolinha), fatiadas
15 ml / 1 colher de sopa de molho de feijão picante
15 ml / 1 colher de sopa de caldo de galinha
5 ml / 1 colher de chá de açúcar

Coloque o pedaço de porco em uma panela, cubra com água, deixe ferver e cozinhe por 20 minutos até ficar cozido. Retire e escorra e deixe esfriar. Corte em fatias finas.

Aqueça o azeite e frite a carne de porco até dourar levemente. Adicione o pimentão, o alho e a cebolinha e refogue por 2 minutos. Retire da panela. Adicione o molho de feijão, o caldo e o açúcar à panela e cozinhe por 2 minutos, mexendo. Devolva a carne de porco e os pimentões e refogue até aquecer bem. Sirva imediatamente.

Carne de porco com legumes

Para 4 pessoas

2 dentes de alho esmagados
5 ml / 1 colher de chá de sal
2,5 ml / ½ colher de chá de pimenta moída na hora
30 ml / 2 colheres de sopa de óleo de amendoim
30 ml / 2 colheres de sopa de molho de soja
225 g de floretes de brócolis
200 g de florzinhas de couve-flor
1 pimentão vermelho picado
1 cebola picada
2 laranjas descascadas e cortadas em cubos
1 pedaço de gengibre com talo, picado finamente
30 ml / 2 colheres de sopa de amido de milho (amido de milho)
300 ml / ½ pt / 1¼ xícara de água
20 ml / 2 colheres de sopa de vinagre de vinho
15 ml / 1 colher de sopa de mel
uma pitada de gengibre em pó
2,5 ml / ½ colher de chá de cominho

Pressione o alho, o sal e a pimenta na carne. Aqueça o azeite e frite a carne até dourar levemente. Retire da panela. Adicione o molho de soja e os legumes à panela e refogue até ficarem macios, mas ainda crocantes. Adicione as laranjas e o gengibre. Misture o amido de milho e a água e misture na panela com o vinagre de vinho, o mel, o gengibre e o cominho. Deixe ferver e cozinhe por 2 minutos, mexendo. Retorne a carne de porco à frigideira e aqueça antes de servir.

Carne De Porco Com Nozes

Para 4 pessoas

50 g / 2 onças / ½ xícara de nozes
225 g de carne de porco magra, cortada em tiras
30 ml / 2 colheres de sopa de farinha (para todos os fins)
30 ml / 2 colheres de sopa de açúcar mascavo
30 ml / 2 colheres de sopa de molho de soja
óleo para fritar
15 ml / 1 colher de sopa de óleo de amendoim

Escalde as nozes em água fervente por 2 minutos e escorra. Misture a carne de porco com a farinha, o açúcar e 15 ml/1 colher de sopa de molho de soja até ficar homogêneo. Aqueça o azeite e frite a carne de porco até ficar crocante e dourada. Escorra em papel absorvente. Aqueça o óleo de amendoim e frite as nozes até dourar. Adicione a carne de porco à frigideira, polvilhe com o restante do molho de soja e frite até ficar bem quente.

almôndegas de porco

Para 4 pessoas

450g/1lb de carne de porco picada (moída)
1 cebolinha (cebolinha) picada
225g de vegetais mistos, picados
30 ml / 2 colheres de sopa de molho de soja
5 ml / 1 colher de chá de sal
40 embalagens wonton
óleo para fritar

Aqueça uma frigideira e frite a carne de porco e a cebolinha até dourar levemente. Retire do fogo e acrescente os legumes, o molho de soja e o sal.

Para dobrar os wontons, segure a embalagem na palma da mão esquerda e despeje um pouco do recheio no centro. Umedeça as bordas com o ovo e dobre a assadeira formando um triângulo, mantendo as bordas fechadas. Umedeça os cantos com o ovo e vire.

Aqueça o óleo e frite os wontons, aos poucos, até dourar. Escorra bem antes de servir.

Carne de porco com castanhas d'água

Para 4 pessoas

45 ml / 3 colheres de sopa de óleo de amendoim

1 dente de alho esmagado

1 cebolinha (cebolinha) picada

1 fatia de raiz de gengibre, picada finamente

225 g de carne de porco magra, cortada em tiras

100g de castanhas-d'água cortadas em fatias finas

45 ml / 3 colheres de sopa de molho de soja

15 ml / 1 colher de sopa de vinho de arroz ou xerez seco

5 ml / 1 colher de chá de farinha de milho (amido de milho)

Aqueça o azeite e refogue o alho, a cebolinha e o gengibre até dourar levemente. Adicione a carne de porco e frite por 10 minutos até dourar. Adicione as castanhas-d'água e refogue por 3 minutos. Adicione os ingredientes restantes e refogue por 3 minutos.

Wontons com carne de porco e camarão

Para 4 pessoas

225g/8oz de carne de porco picada (carne picada)

2 cebolinhas (cebolinha), picadas

100 g de mistura de vegetais picados

100g de cogumelos picados

225 g de camarão descascado e picado

15 ml / 1 colher de sopa de molho de soja

2,5 ml / ½ colher de chá de sal

40 embalagens wonton

óleo para fritar

Aqueça uma frigideira e frite a carne de porco e a cebolinha até dourar levemente. Adicione os outros ingredientes.

Para dobrar os wontons, segure a embalagem na palma da mão esquerda e despeje um pouco do recheio no centro. Umedeça as bordas com o ovo e dobre a assadeira formando um triângulo, mantendo as bordas fechadas. Umedeça os cantos com o ovo e vire.

Aqueça o óleo e frite os wontons, aos poucos, até dourar. Escorra bem antes de servir.

Bolinhos cozidos no vapor

Para 4 pessoas

2 dentes de alho esmagados
2,5 ml / ½ colher de chá de sal
450g/1lb de carne de porco picada (moída)
1 cebola picada
1 pimentão vermelho fatiado
1 pimentão verde picado
2 pedaços de gengibre com talo, picados finamente
5 ml / 1 colher de chá de curry em pó
5 ml / 1 colher de chá de páprica
1 ovo batido
45 ml / 3 colheres de sopa de amido de milho (amido de milho)
50 g de arroz de grão curto
sal e pimenta moída na hora
60 ml / 4 colheres de sopa de cebolinha picada

Misture o alho, o sal, a carne de porco, a cebola, a pimenta, o gengibre, o curry e a páprica. Adicione o ovo à mistura com o amido de milho e o arroz. Tempere com sal e pimenta e acrescente a cebolinha. Com as mãos molhadas, forme bolas com a mistura. Coloque-os em uma cesta para cozimento a vapor, tampe e cozinhe em água fervente por 20 minutos.

Costelas com molho de feijão preto

Para 4 pessoas

900 gramas de costela de porco
2 dentes de alho esmagados
2 cebolinhas (cebolinha), picadas
30 ml / 2 colheres de sopa de molho de feijão preto
30 ml / 2 colheres de sopa de vinho de arroz ou xerez seco
15 ml / 1 colher de sopa de água
30 ml / 2 colheres de sopa de molho de soja
15 ml / 1 colher de sopa de amido de milho (amido de milho)
5 ml / 1 colher de chá de açúcar
120 ml/4 fl oz ½ xícara de água
30 ml / 2 colheres de sopa de óleo
2,5 ml / ½ colher de chá de sal
120 ml/4 fl oz/½ xícara de caldo de galinha

Corte as costelas em pedaços de até 2,5cm/1. Misture o alho, a cebolinha, o molho de feijão preto, o vinho ou xerez, a água e 15 ml/1 colher de sopa de molho de soja. Misture o restante do molho de soja com o amido de milho, o açúcar e a água. Aqueça o azeite e o sal e frite as costelas até dourar. Escorra o óleo. Adicione a mistura de alho e refogue por 2 minutos.

Adicione o caldo, deixe ferver, tampe e cozinhe por 4 minutos. Adicione a mistura de fubá e cozinhe, mexendo, até o molho clarear e engrossar.

costelas grelhadas

Para 4 pessoas

3 dentes de alho esmagados
75 ml / 5 colheres de sopa de molho de soja
60 ml / 4 colheres de sopa de molho hoisin
60 ml / 4 colheres de sopa de vinho de arroz ou xerez seco
45 ml / 3 colheres de sopa de açúcar mascavo
30 ml / 2 colheres de sopa de molho de tomate (pasta)
900 gramas de costela de porco
15 ml / 1 colher de sopa de mel

Misture o alho, o molho de soja, o molho hoisin, o vinho ou xerez, o açúcar mascavo e a pasta de tomate, regue com as costelas, tampe e deixe marinar durante a noite.

Escorra as costelas e coloque-as sobre uma gradinha em uma panela com um pouco de água por baixo. Asse em forno pré-aquecido a 180°C/350°F/termostato 4 por 45 minutos, polvilhando de vez em quando com a marinada, reservando 30ml/2 colheres de sopa de marinada. Misture a marinada reservada com o mel e espalhe sobre as costelas. Grelhe ou grelhe (grelhe) por cerca de 10 minutos em uma grelha quente.

Costelas de bordo grelhadas

Para 4 pessoas

900 gramas de costela de porco
60 ml / 4 colheres de sopa de xarope de bordo
5 ml / 1 colher de chá de sal
5 ml / 1 colher de chá de açúcar
45 ml / 3 colheres de sopa de molho de soja
15 ml / 1 colher de sopa de vinho de arroz ou xerez seco
1 dente de alho esmagado

Corte as costelas em pedaços de 5cm/2cm e coloque-as numa tigela. Misture todos os ingredientes, acrescente as costelas e misture bem. Cubra e deixe marinar durante a noite. Grelhe ou grelhe em fogo médio por cerca de 30 minutos.

costela frita

Para 4 pessoas

900 gramas de costela de porco
120 ml/4 fl oz/½ xícara de molho de tomate (ketchup)
120 ml/4 fl oz/½ xícara de vinagre de vinho
60 ml / 4 colheres de sopa de chutney de manga
45 ml / 3 colheres de sopa de vinho de arroz ou xerez seco
2 dentes de alho picados
5 ml / 1 colher de chá de sal
45 ml / 3 colheres de sopa de molho de soja
30 ml / 2 colheres de sopa de mel
15 ml / 1 colher de sopa de curry doce em pó
15 ml / 1 colher de sopa de páprica
óleo para fritar
60 ml / 4 colheres de sopa de cebolinha picada

Coloque as costelas em uma tigela. Misture todos os ingredientes exceto o azeite e a cebolinha, despeje sobre as costelas, tampe e deixe marinar por pelo menos 1 hora. Aqueça o azeite e frite as costelas até ficarem crocantes. Sirva polvilhado com cebolinha.

Costelas com alho-poró

Para 4 pessoas

450 g/1 libra de costela de porco

óleo para fritar

250 ml/8 fl oz/1 xícara de caldo

30 ml / 2 colheres de sopa de molho de tomate (ketchup)

2,5 ml / ½ colher de chá de sal

2,5 ml / ½ colher de chá de açúcar

2 alhos-porós cortados em pedaços

6 cebolinhas (cebolinha), picadas

50 g de florzinhas de brócolis

5 ml / 1 colher de chá de óleo de gergelim

Corte as costelas em pedaços de 5cm/2. Aqueça o azeite e frite as costelas até começarem a dourar. Retire da panela e adicione tudo, exceto 30ml/2 colheres de sopa de óleo. Adicione o caldo, o ketchup, o sal e o açúcar, leve para ferver e cozinhe por 1 minuto. Retorne as costelas à panela e cozinhe por cerca de 20 minutos até ficarem cozidas.

Enquanto isso, aqueça mais 30 ml / 2 colheres de sopa de óleo e frite o alho-poró, a cebolinha e os brócolis por cerca de 5 minutos. Regue com óleo de gergelim e coloque em uma tigela quente. Despeje as costelas e o molho no centro e sirva.

Costelas com cogumelos

Para 4-6 pessoas

6 cogumelos chineses secos
900 gramas de costela de porco
2 cravos de anis estrelado
45 ml / 3 colheres de sopa de molho de soja
5 ml / 1 colher de chá de sal
15 ml / 1 colher de sopa de amido de milho (amido de milho)

Mergulhe os cogumelos em água morna por 30 minutos e depois escorra. Descarte os caules e corte as pontas. Corte as costelas em pedaços de 5cm/2. Leve uma panela com água para ferver, acrescente as costelas e cozinhe por 15 minutos. Seque bem. Retorne as costelas para a panela e cubra com água fria. Adicione os cogumelos, o anis estrelado, o molho de soja e o sal. Deixe ferver, tampe e cozinhe até a carne ficar macia, cerca de 45 minutos. Misture a farinha de milho com um pouco de água fria, mexa na panela e leve ao fogo baixo, mexendo sempre, até o molho ficar claro e espesso.

costela de laranja

Para 4 pessoas

900 gramas de costela de porco
5 ml / 1 colher de chá de queijo ralado
5 ml / 1 colher de chá de farinha de milho (amido de milho)
45 ml / 3 colheres de sopa de vinho de arroz ou xerez seco
salgado
óleo para fritar
15 ml / 1 colher de sopa de água
2,5 ml / ½ colher de chá de açúcar
15 ml / 1 colher de sopa de purê de tomate (pasta)
2,5 ml / ½ colher de chá de molho picante
raspas de 1 laranja
1 laranja fatiada

Corte as costelas em pedaços e misture com o queijo, a farinha de milho, 5ml/1 colher de chá de vinho ou xerez e uma pitada de sal. Deixe marinar por 30 minutos. Aqueça o azeite e frite as costelas por cerca de 3 minutos até dourar. Numa wok aqueça 15ml/1 colher de sopa de óleo, junte a água, o açúcar, o purê de tomate, o chutney, a casca de laranja e o resto do vinho ou xerez e misture em lume brando durante 2 minutos. .

Adicione a carne de porco e misture até ficar bem revestida. Transfira para uma tigela quente e sirva decorado com rodelas de laranja.

Costelinha De Abacaxi

Para 4 pessoas

900 gramas de costela de porco
600 ml / 1 pt / 2½ xícaras de água
30 ml / 2 colheres de sopa de óleo de amendoim
2 dentes de alho picados finamente
200 g de abacaxi em lata em pedaços em suco de fruta
120 ml/4 fl oz/½ xícara de caldo de galinha
60 ml / 4 colheres de sopa de vinagre de vinho
50 g / 2 onças / ¼ xícara de açúcar mascavo
15 ml / 1 colher de sopa de molho de soja
15 ml / 1 colher de sopa de amido de milho (amido de milho)
3 cebolinhas (cebolinha), picadas

Coloque a carne de porco e a água em uma panela, deixe ferver, tampe e cozinhe por 20 minutos. Seque bem.

Aqueça o azeite e frite o alho até dourar levemente. Adicione as costelas e refogue até ficar bem revestido com óleo. Escorra os pedaços de abacaxi e coloque 120 ml de suco na panela com o caldo, o vinagre de vinho, o açúcar e o molho de soja. Deixe ferver, tampe e cozinhe por 10 minutos. Adicione o abacaxi escorrido. Misture a farinha de milho com um pouco de água, junte ao molho e cozinhe em fogo baixo, mexendo, até o molho clarear e engrossar. Sirva polvilhado com cebolinha.

Costelinha de Camarão Crocante

Para 4 pessoas

900 gramas de costela de porco
450g/1lb de camarão descascado
5 ml / 1 colher de chá de açúcar
sal e pimenta moída na hora
30 ml / 2 colheres de sopa de farinha (para todos os fins)
1 ovo levemente batido
100 g de pão ralado
óleo para fritar

Corte as costelas em pedaços de 5cm/2. Retire um pouco da carne e pique finamente com o camarão, o açúcar, o sal e a pimenta. Adicione a farinha e os ovos suficientes para deixar a mistura pegajosa. Desfie os pedaços de costela e polvilhe-os com pão ralado. Aqueça o azeite e frite as costelas até flutuarem. Escorra bem e sirva quente.

Costelas em vinho de arroz

Para 4 pessoas

900 gramas de costela de porco
450 ml / ¾ pt / 2 xícaras de água
60 ml / 4 colheres de sopa de molho de soja
5 ml / 1 colher de chá de sal
30 ml / 2 colheres de sopa de vinho de arroz
5 ml / 1 colher de chá de açúcar

Corte as costelas em pedaços de 1/2 polegada, coloque em uma panela com água, molho de soja e sal, leve para ferver, tampe e cozinhe por 1 hora. Seque bem. Aqueça uma frigideira e acrescente a costela, o vinho de arroz e o açúcar. Frite em fogo alto até o líquido evaporar.

Costelinha de porco com sementes de gergelim

Para 4 pessoas

900 gramas de costela de porco

1 ovo

30 ml / 2 colheres de sopa de farinha (para todos os fins)

5 ml / 1 colher de chá de farinha de batata

45 ml / 3 colheres de sopa de água

óleo para fritar

30 ml / 2 colheres de sopa de óleo de amendoim

30 ml / 2 colheres de sopa de molho de tomate (ketchup)

30 ml / 2 colheres de sopa de açúcar mascavo

10 ml / 2 colheres de chá de vinagre de vinho

45 ml / 3 colheres de sopa de sementes de gergelim

4 folhas de alface

Corte as costelas em pedaços de 10cm/4cm e coloque-os numa tigela. Misture o ovo com a farinha, a farinha de batata e a água, acrescente as costelas e deixe descansar por 4 horas.

Aqueça o azeite e frite as costelas até dourar, retire e escorra. Aqueça o azeite e frite o ketchup, o açúcar mascavo e o vinagre de vinho por alguns minutos. Adicione as costelas e refogue até revestir completamente. Polvilhe com sementes de gergelim e refogue por 1 minuto. Coloque as folhas de alface num prato quente, decore com as costelas e sirva.

Spaneribs doces e macios

Para 4 pessoas

900 gramas de costela de porco
600 ml / 1 pt / 2½ xícaras de água
30 ml / 2 colheres de sopa de óleo de amendoim
2 dentes de alho esmagados
5 ml / 1 colher de chá de sal
100 g / 4 onças / ½ xícara de açúcar mascavo
75 ml / 5 colheres de sopa de caldo de galinha
60 ml / 4 colheres de sopa de vinagre de vinho
100 g de abacaxi em lata cortado em pedaços em calda
15 ml / 1 colher de sopa de purê de tomate (pasta)
15 ml / 1 colher de sopa de molho de soja
15 ml / 1 colher de sopa de amido de milho (amido de milho)
30 ml / 2 colheres de sopa de coco seco

Coloque a carne de porco e a água em uma panela, deixe ferver, tampe e cozinhe por 20 minutos. Seque bem.

Aqueça o azeite e frite as costelas com o alho e o sal até dourar. Adicione o açúcar, o caldo e o vinagre de vinho e deixe ferver. Escorra o abacaxi e coloque 30 ml / 2 colheres de sopa de calda na panela com o purê de tomate, o molho de soja e a farinha de milho. Misture bem e cozinhe em fogo baixo, mexendo, até o molho clarear e engrossar. Adicione o abacaxi, cozinhe por 3 minutos e sirva polvilhado com coco.

costela frita

Para 4 pessoas

900 gramas de costela de porco
1 ovo batido
5 ml / 1 colher de chá de molho de soja
5 ml / 1 colher de chá de sal
10 ml / 2 colheres de chá de farinha de milho (amido de milho)
10 ml / 2 colheres de chá de açúcar
60 ml / 4 colheres de sopa de óleo de amendoim
250 ml/8 fl oz/1 xícara de vinagre de vinho
250 ml/8 fl oz/1 xícara de água
250 ml/8 fl oz/1 xícara de vinho de arroz ou xerez seco

Coloque as costelas em uma tigela. Misture o ovo com o molho de soja, o sal, metade do amido de milho e metade do açúcar, acrescente às costelas e misture bem. Aqueça o azeite e frite as costelas até dourar. Adicione os ingredientes restantes, deixe ferver e cozinhe até que o líquido quase evapore.

Costela com Tomate

Para 4 pessoas

900 gramas de costela de porco

75 ml / 5 colheres de sopa de molho de soja

30 ml / 2 colheres de sopa de vinho de arroz ou xerez seco

2 ovos batidos

45 ml / 3 colheres de sopa de amido de milho (amido de milho)

óleo para fritar

45 ml / 3 colheres de sopa de óleo de amendoim

1 cebola em fatias finas

250 ml/8 fl oz/1 xícara de caldo de galinha

60 ml / 4 colheres de sopa de molho de tomate (ketchup)

10 ml / 2 colheres de chá de açúcar mascavo

Corte as costelas em pedaços de até 2,5cm/1. Misture com 60ml/4 colheres de sopa de molho de soja e vinho ou xerez e deixe marinar por 1 hora, mexendo ocasionalmente. Escorra, descartando a marinada. Mergulhe as costelas no ovo e depois no amido de milho. Aqueça o azeite e frite as costelas, uma de cada vez, até dourar. Seque bem. Aqueça o óleo de amendoim (amendoim) e frite a cebola até ficar transparente. Adicione o caldo, o restante do molho de soja, o ketchup e o açúcar mascavo e cozinhe, mexendo sempre, por 1 minuto. Adicione as costelas e cozinhe por 10 minutos.

Carne de porco assada para churrasco

Para 4-6 pessoas

1,25 kg de paleta de porco desossada
2 dentes de alho esmagados
2 cebolinhas (cebolinha), picadas
250 ml/8 fl oz/1 xícara de molho de soja
120 ml/4 fl oz/½ xícara de vinho de arroz ou xerez seco
100 g / 4 onças / ½ xícara de açúcar mascavo
5 ml / 1 colher de chá de sal

Coloque a carne de porco em uma tigela. Misture os restantes ingredientes, regue com a carne de porco, tampe e deixe marinar durante 3 horas. Transfira a carne de porco e a marinada para uma assadeira e asse por 10 minutos em forno pré-aquecido a 200°C/400°F/marca de gás 6. Reduza a temperatura para 160°C/325°F/marca de gás 6. gás 3 para 1 1/2 horas até que a carne de porco esteja cozida.

Carne de porco fria com mostarda

Para 4 pessoas

1kg/2lb de porco assado desossado
250 ml/8 fl oz/1 xícara de molho de soja
120 ml/4 fl oz/½ xícara de vinho de arroz ou xerez seco
100 g / 4 onças / ½ xícara de açúcar mascavo
3 cebolinhas (cebolinha), picadas
5 ml / 1 colher de chá de sal
30 ml / 2 colheres de sopa de mostarda em pó

Coloque a carne de porco em uma tigela. Misture todos os outros ingredientes, exceto a mostarda, e regue com a carne de porco. Deixe marinar por pelo menos 2 horas e regue regularmente. Forre uma assadeira com papel alumínio e coloque a carne de porco em uma gradinha na assadeira. Asse no forno pré-aquecido a 200°C/400°F/nível 6 por 10 minutos, depois reduza a temperatura para 160°C/325°F/nível 3 por mais 1,5 horas até que a carne de porco esteja macia. Deixe esfriar e depois leve à geladeira. Corte em fatias bem finas. Misture a mostarda em pó com água suficiente para formar uma pasta cremosa para servir com a carne de porco.

Frango com broto de bambu

Para 4 pessoas

45 ml / 3 colheres de sopa de óleo de amendoim
1 dente de alho esmagado
1 cebolinha (cebolinha) picada
1 fatia de raiz de gengibre, picada finamente
225 g de filé de frango cortado em flocos
225g de brotos de bambu cortados em flocos
45 ml / 3 colheres de sopa de molho de soja
15 ml / 1 colher de sopa de vinho de arroz ou xerez seco
5 ml / 1 colher de chá de farinha de milho (amido de milho)

Aqueça o azeite e refogue o alho, a cebolinha e o gengibre até dourar levemente. Adicione o frango e refogue por 5 minutos. Adicione os brotos de bambu e frite por 2 minutos. Misture o molho de soja, o vinho ou xerez e o amido de milho e refogue por cerca de 3 minutos até que o frango esteja cozido.

Presunto cozido no vapor

Para 6-8 pessoas

900 gramas de presunto fresco
30 ml / 2 colheres de sopa de açúcar mascavo
60 ml / 4 colheres de sopa de vinho de arroz ou xerez seco

Coloque o presunto em uma assadeira sobre uma gradinha, tampe e cozinhe em água fervente por cerca de 1 hora. Adicione açúcar e vinho ou xerez ao prato, tampe e cozinhe no vapor por mais uma hora ou até que o presunto esteja cozido. Deixe esfriar na tigela antes de cortar.

Bacon com repolho

Para 4 pessoas

4 fatias de bacon esticadas, descascadas e picadas

2,5 ml / ½ colher de chá de sal

1 fatia de raiz de gengibre, picada finamente

½ repolho picado

75 ml / 5 colheres de sopa de caldo de galinha

15 ml / 1 colher de sopa de molho de ostra

Frite o bacon até ficar crocante e retire da frigideira. Adicione sal e gengibre e refogue por 2 minutos. Adicione o repolho e misture bem, depois acrescente o bacon e acrescente o caldo, tampe e cozinhe por cerca de 5 minutos até que o repolho esteja macio, mas ainda levemente crocante. Adicione o molho de ostra, tampe e cozinhe por 1 minuto antes de servir.

frango com amêndoa

Para 4-6 pessoas

375 ml de caldo de galinha

60 ml / 4 colheres de sopa de vinho de arroz ou xerez seco

45 ml / 3 colheres de sopa de amido de milho (amido de milho)

15 ml / 1 colher de sopa de molho de soja

4 filés de frango

1 clara de ovo

2,5 ml / ½ colher de chá de sal

óleo para fritar

75 g / 3 onças / ½ xícara de amêndoas escaldadas

1 cenoura grande, cortada em cubos

5 ml / 1 colher de chá de raiz de gengibre ralada

6 cebolinhas (cebolinhas), fatiadas

3 talos de aipo, fatiados

100g de cogumelos fatiados

100g/4oz de brotos de bambu, fatiados

Numa panela, misture o caldo, metade do vinho ou xerez, 30 ml / 2 colheres de sopa de farinha de milho e o molho de soja. Deixe ferver, mexendo, e cozinhe por 5 minutos até a mistura engrossar. Retire do fogo e mantenha aquecido.

Retire a pele e os ossos do frango e corte em pedaços de 1/2 polegada. Adicione o restante vinho ou xerez e a farinha de milho, a clara de ovo e o sal, junte os pedaços de frango e misture bem. Aqueça o óleo e frite os pedaços de frango um a um por cerca de 5 minutos até dourar. Seque bem. Retire da frigideira todo o óleo, exceto 30ml/2 colheres de sopa, e refogue as amêndoas por 2 minutos até dourar. Seque bem. Adicione a cenoura e o gengibre à panela e refogue por 1 minuto. Adicione os vegetais restantes e refogue por cerca de 3 minutos até ficarem macios, mas ainda crocantes. Volte o frango e as amêndoas para a panela com o molho e leve ao fogo médio por alguns minutos até aquecer.

Frango com Amêndoas e Castanhas D'água

Para 4 pessoas

6 cogumelos chineses secos
4 pedaços de frango, desossados
100g de amêndoas picadas
sal e pimenta moída na hora
60 ml / 4 colheres de sopa de óleo de amendoim
100 g de castanhas d'água fatiadas
75 ml / 5 colheres de sopa de caldo de galinha
30 ml / 2 colheres de sopa de molho de soja

Mergulhe os cogumelos em água morna por 30 minutos e depois escorra. Retire os talos e corte a parte superior em rodelas. Corte o frango em fatias finas. Tempere generosamente as amêndoas com sal e pimenta e cubra as fatias de frango com as amêndoas. Aqueça o óleo e frite o frango até dourar levemente. Adicione os cogumelos, as castanhas-d'água, o caldo e o molho de soja, deixe ferver, tampe e cozinhe por alguns minutos até que o frango esteja cozido.

Frango com amêndoas e legumes

Para 4 pessoas

75 ml / 5 colheres de sopa de óleo de amendoim

4 fatias de raiz de gengibre, picadas finamente

5 ml / 1 colher de chá de sal

100 g de repolho chinês picado

50 g de brotos de bambu cortados em cubos

50 g de cogumelos cortados em cubos

2 talos de aipo em cubos

3 castanhas d'água cortadas em cubos

120 ml/4 fl oz/½ xícara de caldo de galinha

225 g de filé de frango cortado em cubos

15 ml / 1 colher de sopa de vinho de arroz ou xerez seco

50 g de ervilhas

100 g de amêndoas em lascas, torradas

10 ml / 2 colheres de chá de farinha de milho (amido de milho)

15 ml / 1 colher de sopa de água

Aqueça metade do azeite e frite o gengibre e o sal por 30 segundos. Adicione o repolho, o broto de bambu, os cogumelos, o aipo e as castanhas-d'água e frite por 2 minutos.

Adicione o caldo, deixe ferver, tampe e cozinhe por 2 minutos. Retire os legumes e o molho da panela. Aqueça o restante do azeite e frite o frango por 1 minuto. Adicione o vinho ou xerez e refogue por 1 minuto. Retorne os legumes à panela com a goma e as amêndoas e cozinhe por 30 segundos. Misture a farinha de milho e a água até formar uma pasta, adicione ao molho e cozinhe em fogo baixo, mexendo, até o molho engrossar.

Frango com anis

Para 4 pessoas

75 ml / 5 colheres de sopa de óleo de amendoim

2 cebolas picadas

1 dente de alho picado

2 fatias de raiz de gengibre picada

15 ml / 1 colher de sopa de farinha (para todos os fins)

30 ml / 2 colheres de sopa de curry em pó

450g de frango em cubos

15 ml / 1 colher de sopa de açúcar

30 ml / 2 colheres de sopa de molho de soja

450 ml / ¾ pt / 2 xícaras de caldo de galinha

2 cravos de anis estrelado

225 g de batatas em cubos

Aqueça metade do azeite e frite a cebola até dourar levemente e retire da frigideira. Aqueça o restante do azeite e refogue o alho e o gengibre por 30 segundos. Adicione a farinha e o curry e cozinhe por 2 minutos. Volte a cebola para a panela, acrescente o frango e refogue por 3 minutos. Adicione o açúcar, o molho de soja, o caldo e o anis, deixe ferver, tampe e cozinhe por 15 minutos. Adicione as batatas, deixe ferver, tampe e cozinhe por mais 20 minutos até ficar macio.

Frango com Damascos

Para 4 pessoas

4 pedaços de frango
sal e pimenta moída na hora
uma pitada de gengibre em pó
60 ml / 4 colheres de sopa de óleo de amendoim
225g de damascos em lata, cortados ao meio
300 ml / ½ pt / 1¼ xícara de molho agridoce
30 ml / 2 colheres de sopa de amêndoas em lascas, torradas

Tempere o frango com sal, pimenta e gengibre. Aqueça o óleo e frite o frango até dourar levemente. Cubra e cozinhe até ficar macio, virando ocasionalmente, por cerca de 20 minutos. Escorra o óleo. Adicione os damascos e o molho à panela, deixe ferver, tampe e cozinhe por cerca de 5 minutos ou até aquecer bem. Decore com amêndoas lascadas.

Frango com aspargos

Para 4 pessoas

45 ml / 3 colheres de sopa de óleo de amendoim
5 ml / 1 colher de chá de sal
1 dente de alho esmagado
1 cebolinha (cebolinha) picada
1 filé de frango fatiado
30 ml / 2 colheres de sopa de molho de feijão preto
350 g de aspargos cortados em pedaços de 2,5 cm / 1
120 ml/4 fl oz/½ xícara de caldo de galinha
5 ml / 1 colher de chá de açúcar
15 ml / 1 colher de sopa de amido de milho (amido de milho)
45 ml / 3 colheres de sopa de água

Aqueça metade do azeite e refogue o sal, o alho e a cebolinha até dourar levemente. Adicione o frango e refogue até obter uma cor clara. Adicione o molho de feijão preto e misture bem o frango. Adicione os aspargos, o caldo e o açúcar, deixe ferver, tampe e cozinhe por 5 minutos até que o frango esteja cozido. Misture o amido de milho e a água até formar uma pasta, coloque na panela e cozinhe em fogo baixo, mexendo, até o molho ficar claro e espesso.

Frango com Berinjela

Para 4 pessoas

225g de frango fatiado
15 ml / 1 colher de sopa de molho de soja
15 ml / 1 colher de sopa de vinho de arroz ou xerez seco
15 ml / 1 colher de sopa de amido de milho (amido de milho)
1 berinjela (berinjela), descascada e cortada em tiras
30 ml / 2 colheres de sopa de óleo de amendoim
2 pimentões vermelhos secos
2 dentes de alho esmagados
75 ml / 5 colheres de sopa de caldo de galinha

Coloque o frango em uma tigela. Misture o molho de soja, o vinho ou xerez e a farinha de milho, acrescente ao frango e deixe descansar por 30 minutos. Escalde as berinjelas em água fervente por 3 minutos e deixe escorrer bem. Aqueça o azeite e frite os pimentões até dourar, retire e descarte. Adicione o alho e o frango e refogue até obter uma cor clara. Adicione o caldo e a berinjela, deixe ferver, tampe e cozinhe por 3 minutos, mexendo de vez em quando.

Frango Enrolado com Bacon

Para 4-6 pessoas

225 g de frango em cubos

30 ml / 2 colheres de sopa de molho de soja

15 ml / 1 colher de sopa de vinho de arroz ou xerez seco

5 ml / 1 colher de chá de açúcar

5 ml / 1 colher de chá de óleo de gergelim

sal e pimenta moída na hora

225 g de fatias de bacon

1 ovo levemente batido

100 g de farinha (multiuso)

óleo para fritar

4 tomates fatiados

Misture o frango com o molho de soja, o vinho ou xerez, o açúcar, o óleo de gergelim, o sal e a pimenta. Cubra e deixe marinar por 1 hora, mexendo de vez em quando, retire o frango e descarte a marinada. Corte o bacon em pedaços e envolva os cubos de frango. Bata os ovos com a farinha até obter uma massa espessa, acrescentando um pouco de leite se necessário. Mergulhe os cubos na massa. Aqueça o óleo e frite os cubos até dourar e pronto. Sirva decorado com tomate cereja.

Frango com broto de feijão

Para 4 pessoas

45 ml / 3 colheres de sopa de óleo de amendoim
1 dente de alho esmagado
1 cebolinha (cebolinha) picada
1 fatia de raiz de gengibre, picada finamente
225 g de filé de frango cortado em flocos
225 g de broto de feijão
45 ml / 3 colheres de sopa de molho de soja
15 ml / 1 colher de sopa de vinho de arroz ou xerez seco
5 ml / 1 colher de chá de farinha de milho (amido de milho)

Aqueça o azeite e refogue o alho, a cebolinha e o gengibre até dourar levemente. Adicione o frango e refogue por 5 minutos. Adicione os brotos de feijão e refogue por 2 minutos. Misture o molho de soja, o vinho ou xerez e o amido de milho e refogue por cerca de 3 minutos até que o frango esteja cozido.

Frango com molho de feijão preto

Para 4 pessoas

30 ml / 2 colheres de sopa de óleo de amendoim
5 ml / 1 colher de chá de sal
30 ml / 2 colheres de sopa de molho de feijão preto
2 dentes de alho esmagados
450g/1lb de frango em cubos
250 ml/8 fl oz/1 xícara de caldo
1 pimentão verde picado
1 cebola picada
15 ml / 1 colher de sopa de molho de soja
pimenta moída na hora
15 ml / 1 colher de sopa de amido de milho (amido de milho)
45 ml / 3 colheres de sopa de água

Aqueça o azeite e refogue o sal, o feijão preto e o alho por 30 segundos. Adicione o frango e refogue até dourar. Adicione o caldo, deixe ferver, tampe e cozinhe por 10 minutos. Adicione o pimentão, a cebola, o molho de soja e o pimentão, tampe e cozinhe por mais 10 minutos. Misture a farinha de milho e a água até formar uma pasta, acrescente ao molho e cozinhe em fogo baixo, mexendo, até o molho engrossar e o frango ficar macio.

Frango com brócolis

Para 4 pessoas

450g/1lb de carne de frango, cortada em cubos

225 g de fígado de frango

45 ml / 3 colheres de sopa de farinha (para todas as aplicações)

45 ml / 3 colheres de sopa de óleo de amendoim

1 cebola picada

1 pimentão vermelho picado

1 pimentão verde picado

225 g de floretes de brócolis

4 rodelas de abacaxi cortadas em cubos

30 ml / 2 colheres de sopa de molho de tomate (pasta)

30 ml / 2 colheres de sopa de molho hoisin

30 ml / 2 colheres de sopa de mel

30 ml / 2 colheres de sopa de molho de soja

300 ml / ½ pt / 1¼ xícara de caldo de galinha

10 ml / 2 colheres de chá de óleo de gergelim

Adicione o frango e os fígados de frango à farinha. Aqueça o azeite e frite o fígado por 5 minutos, depois retire da frigideira. Adicione o frango, tampe e cozinhe em fogo médio por 15 minutos, mexendo de vez em quando. Adicione os legumes e o abacaxi e refogue por 8 minutos. Retorne os fígados para a wok, adicione os ingredientes restantes e deixe ferver. Cozinhe em fogo baixo, mexendo, até o molho engrossar.

Frango com repolho e amendoim

Para 4 pessoas

45 ml / 3 colheres de sopa de óleo de amendoim

30 ml / 2 colheres de sopa de amendoim

450g/1lb de frango em cubos

½ repolho cortado em cubos

15 ml / 1 colher de sopa de molho de feijão preto

2 pimentões vermelhos picados

5 ml / 1 colher de chá de sal

Aqueça um pouco de azeite e frite o amendoim por alguns minutos, mexendo sempre. Retire, escorra e bata. Aqueça o restante do azeite e frite o frango e o repolho até dourar levemente. Retire da panela. Adicione o molho de feijão preto e a pimenta e refogue por 2 minutos. Coloque novamente o frango e o repolho na panela com o amendoim triturado e tempere com sal. Frite até ficar bem aquecido e sirva imediatamente.

Frango com castanha de caju

Para 4 pessoas

30 ml / 2 colheres de sopa de molho de soja
30 ml / 2 colheres de sopa de amido de milho (amido de milho)
15 ml / 1 colher de sopa de vinho de arroz ou xerez seco
350 g de frango cortado em cubos
45 ml / 3 colheres de sopa de óleo de amendoim
2,5 ml / ½ colher de chá de sal
2 dentes de alho esmagados
225 g de cogumelos fatiados
100 g de castanhas d'água fatiadas
100g/4 onças de brotos de bambu
50 g de ervilhas
225 g / 8 onças / 2 xícaras de castanha de caju
300 ml / ½ pt / 1¼ xícara de caldo de galinha

Misture o molho de soja, a farinha de milho e o vinho ou xerez, regue com o frango, tampe e deixe marinar por pelo menos 1 hora. Aqueça 30ml/2 colheres de sopa de óleo com o sal e o alho e frite até o alho ficar levemente dourado. Adicione o frango com a marinada e refogue por 2 minutos até dourar levemente. Adicione os cogumelos, as castanhas-d'água, os brotos de bambu e as ervilhas e frite por 2 minutos. Enquanto isso, aqueça o óleo restante em uma panela separada e frite as castanhas de caju por alguns minutos em fogo baixo até dourar. Coloque-os na panela com o caldo, leve para ferver, tampe e cozinhe por 5 minutos. Se o molho não engrossar o suficiente, acrescente um pouco de amido de milho misturado com uma colher.

Frango com Castanhas

Para 4 pessoas

225g de frango fatiado
5 ml / 1 colher de chá de sal
15 ml / 1 colher de sopa de molho de soja
óleo para fritar
250 ml/8 fl oz/1 xícara de caldo de galinha
200 g de castanhas d'água picadas
225 g de castanhas picadas
225 g de cogumelos, divididos em quartos
15 ml / 1 colher de sopa de salsa fresca picada

Polvilhe o frango com sal e molho de soja e esfregue bem. Aqueça o azeite e frite o frango até dourar, retire e escorra. Coloque o frango em uma panela com o caldo, deixe ferver e cozinhe por 5 minutos. Adicione as castanhas-d'água, as castanhas e os cogumelos, tampe e cozinhe até ficar cozido, cerca de 20 minutos. Sirva decorado com salsa.

Frango Picante Com Pimentão

Para 4 pessoas

350g/1lb de carne de frango, cortada em cubos

1 ovo levemente batido

10 ml / 2 colheres de chá de molho de soja

2,5 ml/½ colher de chá de amido de milho (amido de milho)

óleo para fritar

1 pimentão verde picado

4 dentes de alho esmagados

2 pimentões vermelhos picados

5 ml / 1 colher de chá de pimenta moída na hora

5 ml / 1 colher de chá de vinagre de vinho

5 ml / 1 colher de chá de água

2,5 ml / ½ colher de chá de açúcar

2,5 ml / ½ colher de chá de óleo de pimenta

2,5 ml / ½ colher de chá de óleo de gergelim

Misture o frango com o ovo, metade do molho de soja e o amido de milho e deixe descansar por 30 minutos. Aqueça o azeite e frite o frango até dourar e escorra bem. Despeje tudo da panela, exceto 15ml / 1 colher de sopa de óleo, adicione o pimentão, o alho e a pimenta e frite por 30 segundos. Adicione a pimenta, o vinagre de vinho, a água e o açúcar e refogue por 30 segundos. Retorne o frango à panela e refogue por alguns minutos até ficar cozido. Sirva polvilhado com pimenta e óleo de gergelim.

Frango salteado com pimenta

Para 4 pessoas

225g de frango fatiado

2,5 ml / ½ colher de chá de molho de soja

2,5 ml / ½ colher de chá de óleo de gergelim

2,5 ml / ½ colher de chá de vinho de arroz ou xerez seco

5 ml / 1 colher de chá de farinha de milho (amido de milho)

salgado

45 ml / 3 colheres de sopa de óleo de amendoim

100 gramas de espinafre

4 cebolinhas (cebolinha), picadas

2,5 ml / ½ colher de chá de pimenta em pó

15 ml / 1 colher de sopa de água

1 tomate fatiado

Misture o frango com o molho de soja, o óleo de gergelim, o vinho ou o xerez, metade da farinha de milho e uma pitada de sal. Deixe descansar por 30 minutos. Aqueça 15ml/1 colher de sopa de óleo e frite o frango até dourar levemente. Retire do wok. Aqueça 15ml/1 colher de sopa de óleo e frite o espinafre até reduzir e retire da wok. Aqueça o azeite restante e frite a cebolinha, a pimenta em pó, a água e o restante da farinha de milho por 2 minutos. Adicione o frango e refogue rapidamente. Disponha o espinafre em uma tigela quente, cubra com o frango e sirva com os tomates.

Frango Chinês

Para 4 pessoas

100g/4oz de folhas chinesas, raladas
100g de brotos de bambu cortados em tiras
60 ml / 4 colheres de sopa de óleo de amendoim
3 cebolinhas (cebolinha), fatiadas
2 dentes de alho esmagados
1 fatia de raiz de gengibre, picada finamente
225 g de filé de frango cortado em tiras
45 ml / 3 colheres de sopa de molho de soja
15 ml / 1 colher de sopa de vinho de arroz ou xerez seco
5 ml / 1 colher de chá de sal
2,5 ml / ½ colher de chá de açúcar
pimenta moída na hora
15 ml / 1 colher de sopa de amido de milho (amido de milho)

Escalde as folhas chinesas e os brotos de bambu em água fervente por 2 minutos. Escorra e seque. Aqueça 45ml/3 colheres de sopa de óleo e frite a cebola, o alho e o gengibre até dourar levemente. Adicione o frango e refogue por 4 minutos. Retire da panela. Aqueça o restante do azeite e frite os legumes por 3 minutos. Adicione o frango, o molho de soja, o vinho ou xerez, o sal, o açúcar e uma pitada de pimenta e refogue por 1 minuto. Misture a farinha de milho com um pouco de água, junte ao molho e cozinhe em fogo baixo, mexendo, até o molho clarear e engrossar.

chow mein de frango

Para 4 pessoas

30 ml / 2 colheres de sopa de óleo de amendoim

2 dentes de alho esmagados

450g/1lb de frango fatiado

225g/8oz de brotos de bambu, fatiados

100 g de aipo picado

225 g de cogumelos fatiados

450 ml / ¾ pt / 2 xícaras de caldo de galinha

225 g de broto de feijão

4 cebolas cortadas em rodelas

30 ml / 2 colheres de sopa de molho de soja

30 ml / 2 colheres de sopa de amido de milho (amido de milho)

225g/8oz de macarrão chinês seco

Aqueça o azeite com o alho até dourar levemente, depois acrescente o frango e frite por 2 minutos até dourar levemente. Adicione os brotos de bambu, o aipo e os cogumelos e frite por 3 minutos. Adicione a maior parte do caldo, deixe ferver, tampe e cozinhe por 8 minutos. Adicione o broto de feijão e a cebola e cozinhe por 2 minutos, mexendo, até restar apenas um pouco de caldo. Misture o caldo restante com o molho de soja e a farinha de milho. Adicione a panela e cozinhe em fogo baixo, mexendo, até o molho clarear e engrossar.

Enquanto isso, cozinhe o macarrão em água fervente com sal por alguns minutos, conforme instruções da embalagem. Escorra bem, tempere com a mistura de frango e sirva imediatamente.

Frango frito crocante e picante

Para 4 pessoas

450g/1lb de carne de frango, cortada em pedaços

30 ml / 2 colheres de sopa de molho de soja

30 ml / 2 colheres de sopa de molho de ameixa

45 ml / 3 colheres de sopa de chutney de manga

1 dente de alho esmagado

2,5 ml / ½ colher de chá de gengibre em pó

algumas gotas de conhaque

30 ml / 2 colheres de sopa de amido de milho (amido de milho)

2 ovos batidos

100 g / 4 onças / 1 xícara de pão ralado seco

30 ml / 2 colheres de sopa de óleo de amendoim

6 cebolinhas (cebolinha), picadas

1 pimentão vermelho picado

1 pimentão verde picado

30 ml / 2 colheres de sopa de molho de soja

30 ml / 2 colheres de sopa de mel

30 ml / 2 colheres de sopa de vinagre de vinho

Coloque o frango em uma tigela. Misture os molhos, o chutney, o alho, o gengibre e o conhaque, regue com o frango, tampe e deixe marinar por 2 horas. Escorra o frango e polvilhe com fubá. Adicione os ovos e depois a farinha de rosca. Aqueça o azeite e frite o frango até dourar. Retire da panela. Adicione os legumes e refogue por 4 minutos e retire. Escorra o óleo da panela e coloque o frango e os legumes de volta na panela com os ingredientes restantes. Deixe ferver e reaqueça antes de servir.

Frango frito com pepino

Para 4 pessoas

225g de carne de frango

1 clara de ovo

2,5 ml/½ colher de chá de amido de milho (amido de milho)

salgado

pepino

30 ml / 2 colheres de sopa de óleo de amendoim

100g de cogumelos

50g de brotos de bambu cortados em tiras

50 g de presunto cortado em cubos

15 ml / 1 colher de sopa de água

2,5 ml / ½ colher de chá de sal

2,5 ml / ½ colher de chá de vinho de arroz ou xerez seco

2,5 ml / ½ colher de chá de óleo de gergelim

Fatie o frango e corte-o em pedaços. Misture com a clara de ovo, o amido de milho e o sal e deixe descansar. Corte o pepino ao meio no sentido do comprimento e na diagonal em rodelas grossas. Aqueça o azeite e frite o frango até dourar levemente e retire da frigideira. Adicione o pepino e os brotos de bambu e frite por 1 minuto. Volte a colocar o frango na frigideira com o presunto, a água, o sal e o vinho ou xerez. Deixe ferver e cozinhe até que o frango esteja cozido. Sirva polvilhado com óleo de gergelim.

Curry de frango e pimenta

Para 4 pessoas

120 ml / 4 fl oz / ½ xícara de óleo de amendoim

4 pedaços de frango

1 cebola picada

5 ml / 1 colher de chá de curry em pó

5 ml / 1 colher de chá de molho de pimenta

15 ml / 1 colher de sopa de vinho de arroz ou xerez seco

2,5 ml / ½ colher de chá de sal

600 ml / 1 pt / 2½ xícaras de caldo de galinha

15 ml / 1 colher de sopa de amido de milho (amido de milho)

45 ml / 3 colheres de sopa de água

5 ml / 1 colher de chá de óleo de gergelim

Aqueça o azeite e frite os pedaços de frango até dourar dos dois lados e depois retire-os da frigideira. Adicione a cebola, o curry em pó e o molho picante e refogue por 1 minuto. Adicione o vinho ou xerez e o sal, misture bem, coloque o frango de volta na panela e misture novamente. Adicione o caldo, deixe ferver e cozinhe por cerca de 30 minutos até que o frango esteja cozido. Se o molho não reduzir o suficiente, misture o amido de milho e a água até formar uma pasta, acrescente um pouco ao molho e cozinhe, mexendo, até engrossar o molho. Sirva polvilhado com óleo de gergelim.

Frango ao curry chinês

Para 4 pessoas

45 ml / 3 colheres de sopa de curry em pó
1 cebola picada
350 g de frango cortado em cubos
150 ml / ¼ pt / generoso ½ xícara de caldo de galinha
5 ml / 1 colher de chá de sal
10 ml / 2 colheres de chá de farinha de milho (amido de milho)
15 ml / 1 colher de sopa de água

Aqueça o curry e a cebola em uma frigideira seca por 2 minutos e sacuda a panela para cobrir a cebola. Adicione o frango e misture até que tudo esteja bem revestido com curry em pó. Adicione o caldo e o sal, deixe ferver, tampe e cozinhe até que o frango esteja cozido, cerca de 5 minutos. Misture o amido de milho e a água até formar uma pasta, coloque na panela e cozinhe em fogo baixo, mexendo, até o molho engrossar.

Caril de Frango Rápido

Para 4 pessoas

450 g de filé de frango em cubos
45 ml / 3 colheres de sopa de vinho de arroz ou xerez seco
50 g de farinha de milho (amido de milho)
1 clara de ovo
salgado
150 ml / ¼ pt / generoso ½ xícara de óleo de amendoim
15 ml / 1 colher de sopa de curry em pó
10 ml / 2 colheres de chá de açúcar mascavo
150 ml / ¼ pt / generoso ½ xícara de caldo de galinha

Misture os cubos de frango e o xerez. Reserve 10ml/2 colheres de chá de amido de milho. Bata as claras em neve com o restante da farinha de milho e uma pitada de sal e acrescente ao frango até ficar bem revestido. Aqueça o óleo e frite o frango até ficar cozido e dourado. Retire da panela e escorra tudo com 15 ml/1 colher de sopa de óleo. Adicione a farinha de milho reservada, o curry e o açúcar e frite por 1 minuto. Adicione o caldo, leve para ferver e cozinhe, mexendo sempre, até o molho engrossar. Retorne o frango à panela, mexa e reaqueça antes de servir.

Frango ao curry com batatas

Para 4 pessoas

45 ml / 3 colheres de sopa de óleo de amendoim

2,5 ml / ½ colher de chá de sal

1 dente de alho esmagado

750 g de frango em cubos

225 g de batatas em cubos

4 cebolas cortadas em rodelas

15 ml / 1 colher de sopa de curry em pó

450 ml / ¾ pt / 2 xícaras de caldo de galinha

225 g de cogumelos fatiados

Aqueça o azeite com o sal e o alho, acrescente o frango e frite até dourar. Adicione as batatas, a cebola e o curry em pó e refogue por 2 minutos. Adicione o caldo, deixe ferver, tampe e cozinhe até que o frango esteja cozido, mexendo ocasionalmente, por cerca de 20 minutos. Adicione os cogumelos, retire a tampa e cozinhe por mais 10 minutos até o líquido reduzir.

Coxas De Frango Frito

Para 4 pessoas
2 coxas de frango grandes, desossadas
2 cebolinhas (chalotas)
1 fatia de gengibre esmagado
120 ml/4 fl oz/½ xícara de molho de soja
5 ml / 1 colher de chá de vinho de arroz ou xerez seco
óleo para fritar
5 ml / 1 colher de chá de óleo de gergelim
pimenta moída na hora

Divida a polpa do frango e corte-a completamente. Pique 1 cebolinha e pique finamente a outra. Misture o purê de cebola verde com o gengibre, o molho de soja e o vinho ou xerez. Despeje sobre o frango e deixe marinar por 30 minutos. Retire e deixe escorrer. Disponha em um prato sobre uma gradinha e cozinhe no vapor por 20 minutos.

Aqueça o óleo e frite o frango por cerca de 5 minutos até dourar. Retire da panela, escorra bem e corte em rodelas grossas, coloque em um prato quente para servir. Aqueça o óleo de gergelim, acrescente a cebolinha picada e a pimenta, regue com o frango e sirva.

Frango frito com molho de curry

Para 4 pessoas

1 ovo levemente batido
30 ml / 2 colheres de sopa de amido de milho (amido de milho)
25 g / 1 onça / ¼ xícara de farinha (multiuso)
2,5 ml / ½ colher de chá de sal
225 g de frango em cubos
óleo para fritar
30 ml / 2 colheres de sopa de óleo de amendoim
30 ml / 2 colheres de sopa de curry em pó
60 ml / 4 colheres de sopa de vinho de arroz ou xerez seco

Bata o ovo com o amido de milho, a farinha e o sal até obter uma massa espessa. Despeje sobre o frango e misture bem para revestir. Aqueça o óleo e frite o frango até dourar e ficar pronto. Enquanto isso, aqueça o óleo e frite o curry em pó por 1 minuto. Adicione o vinho ou xerez e deixe ferver. Coloque o frango em uma chapa quente e regue com o molho de curry.

"Frango bêbado

Para 4 pessoas

450 g de filé de frango cortado em pedaços
60 ml / 4 colheres de sopa de molho de soja
30 ml / 2 colheres de sopa de molho hoisin
30 ml / 2 colheres de sopa de molho de ameixa
30 ml / 2 colheres de sopa de vinagre de vinho
2 dentes de alho esmagados
pitada de sal
algumas gotas de óleo de pimenta
2 claras de ovo
60 ml / 4 colheres de sopa de amido de milho (amido de milho)
óleo para fritar
200 ml / ½ pt / 1¼ xícara de vinho de arroz ou xerez seco

Coloque o frango em uma tigela. Misture os molhos e o vinagre de vinho, o alho, o sal e o azeite de pimenta, regue com o frango e deixe marinar na geladeira por 4 horas. Bata as claras em neve até ficarem firmes e misture-as com o amido de milho. Retire o frango da marinada e pincele com a mistura de clara de ovo. Aqueça o óleo e frite o frango até ficar cozido e dourado. Escorra bem em papel absorvente e coloque em uma tigela. Adicione o vinho ou xerez, tampe e deixe marinar na geladeira por 12 horas. Retire o frango do vinho e sirva frio.

frango com ovos

Para 4 pessoas

30 ml / 2 colheres de sopa de óleo de amendoim
4 pedaços de frango
2 cebolinhas (cebolinha), picadas
1 dente de alho esmagado
1 fatia de raiz de gengibre, picada finamente
175 ml/6 fl oz/¾ xícara de molho de soja
30 ml / 2 colheres de sopa de vinho de arroz ou xerez seco
30 ml / 2 colheres de sopa de açúcar mascavo
5 ml / 1 colher de chá de sal
375 ml/13 fl oz/1½ xícara de água
4 ovos cozidos
15 ml / 1 colher de sopa de amido de milho (amido de milho)

Aqueça o óleo e frite os pedaços de frango até dourar. Adicione a cebolinha, o alho e o gengibre e refogue por 2 minutos. Adicione o molho de soja, o vinho ou xerez, o açúcar e o sal e misture bem. Adicione água e deixe ferver, tampe e cozinhe por 20 minutos. Adicione os ovos cozidos, tampe e cozinhe por mais 15 minutos. Misture a farinha de milho com um pouco de água, junte ao molho e cozinhe em fogo baixo, mexendo, até o molho clarear e engrossar.

Rolinhos primavera de frango

Para 4 pessoas

4 cogumelos chineses secos
100 g de frango cortado em tiras
5 ml / 1 colher de chá de farinha de milho (amido de milho)
15 ml / 1 colher de sopa de molho de soja
2,5 ml / ½ colher de chá de sal
2,5 ml / ½ colher de chá de açúcar
60 ml / 4 colheres de sopa de óleo de amendoim
225 g de broto de feijão
3 cebolinhas (cebolinha), picadas
100 gramas de espinafre
12 rolinhos primavera
1 ovo batido
óleo para fritar

Mergulhe os cogumelos em água morna por 30 minutos e depois escorra. Retire os talos e pique finamente as pontas. Coloque o frango em uma tigela. Misture o amido de milho com 5 ml/1 colher de chá de molho de soja, sal e açúcar e misture com o frango. Deixe descansar por 15 minutos. Aqueça metade do óleo e frite o frango até dourar levemente.

Escalde os brotos de feijão em água fervente por 3 minutos e escorra. Aqueça o restante do azeite e frite as cebolinhas até dourar levemente. Adicione os cogumelos, o broto de feijão, o espinafre e o restante do molho de soja. Adicione o frango e refogue por 2 minutos. Deixar esfriar. Coloque um pouco de recheio no centro de cada folha e pinte as bordas com ovo batido. Dobre as laterais e enrole os rolinhos primavera, selando as bordas com o ovo. Aqueça o óleo e frite os rolinhos primavera até ficarem crocantes e dourados.

Frango Estufado com Ovos

Para 4 pessoas

30 ml / 2 colheres de sopa de óleo de amendoim
4 filés de frango cortados em tiras
1 pimentão vermelho cortado em tiras
1 pimentão verde cortado em tiras
45 ml / 3 colheres de sopa de molho de soja
45 ml / 3 colheres de sopa de vinho de arroz ou xerez seco
250 ml/8 fl oz/1 xícara de caldo de galinha
100 g de alface americana, picada finamente
5 ml / 1 colher de chá de açúcar mascavo
30 ml / 2 colheres de sopa de molho hoisin
sal e pimenta
15 ml / 1 colher de sopa de amido de milho (amido de milho)
30 ml / 2 colheres de sopa de água
4 ovos
30 ml / 2 colheres de sopa de xerez

Aqueça o azeite e frite o frango e a pimenta até dourar. Adicione o molho de soja, o vinho ou xerez e o caldo, deixe ferver, tampe e cozinhe por 30 minutos. Adicione a alface, o açúcar e o molho hoisin e tempere com sal e pimenta. Misture o amido de milho e a água, acrescente ao molho e leve para ferver mexendo sempre. Bata os ovos com o xerez e frite, formando omeletes finas. Polvilhe com sal e pimenta e corte em tiras. Coloque em uma tigela quente e regue com o frango.

Frango do Extremo Oriente

Para 4 pessoas

60 ml / 4 colheres de sopa de óleo de amendoim
450g/1lb de carne de frango, cortada em pedaços
2 dentes de alho esmagados
2,5 ml / ½ colher de chá de sal
2 cebolas picadas
2 pedaços de gengibre com talo, picados finamente
45 ml / 3 colheres de sopa de molho de soja
30 ml / 2 colheres de sopa de molho hoisin
45 ml / 3 colheres de sopa de vinho de arroz ou xerez seco
300 ml / ½ pt / 1 ¼ xícara de caldo de galinha
5 ml / 1 colher de chá de pimenta moída na hora
6 ovos cozidos, finamente picados
15 ml / 1 colher de sopa de amido de milho (amido de milho)
15 ml / 1 colher de sopa de água

Aqueça o azeite e frite o frango até dourar. Adicione o alho, o sal, a cebola e o gengibre e refogue por 2 minutos. Adicione o molho de soja, o molho hoisin, o vinho ou xerez, o caldo e a pimenta. Deixe ferver, tampe e cozinhe por 30 minutos. Adicione os ovos. Misture o amido de milho e a água e adicione ao molho. Deixe ferver e cozinhe em fogo baixo, mexendo, até o molho engrossar.

Foo Yung Kip

Para 4 pessoas

6 ovos batidos

45 ml / 3 colheres de sopa de amido de milho (amido de milho)

100g de cogumelos picados grosseiramente

225 g de filé de frango cortado em cubos

1 cebola picada

5 ml / 1 colher de chá de sal

45 ml / 3 colheres de sopa de óleo de amendoim

Bata os ovos e em seguida acrescente o amido de milho. Adicione todos os outros ingredientes, exceto o óleo. Aqueça o óleo. Despeje a mistura na forma aos poucos até obter pequenas panquecas com cerca de 7,5 cm de diâmetro. Frite até dourar o fundo, depois vire e frite o outro lado.

Presunto Foo Yung e Frango

Para 4 pessoas

6 ovos batidos

45 ml / 3 colheres de sopa de amido de milho (amido de milho)

100 g de presunto cortado em cubos

225 g de filé de frango cortado em cubos

3 cebolinhas (cebolinha), picadas finamente

5 ml / 1 colher de chá de sal

45 ml / 3 colheres de sopa de óleo de amendoim

Bata os ovos e em seguida acrescente o amido de milho. Adicione todos os outros ingredientes, exceto o óleo. Aqueça o óleo. Despeje a mistura na forma aos poucos até obter pequenas panquecas com cerca de 7,5 cm de diâmetro. Frite até dourar o fundo, depois vire e frite o outro lado.

Frango Frito com Gengibre

Para 4 pessoas

1 frango cortado ao meio
4 fatias de raiz de gengibre, purê
30 ml / 2 colheres de sopa de vinho de arroz ou xerez seco
30 ml / 2 colheres de sopa de molho de soja
5 ml / 1 colher de chá de açúcar
óleo para fritar

Coloque o frango em uma tigela rasa. Misture o gengibre, o vinho ou o xerez, o molho de soja e o açúcar, regue com o frango e esfregue na pele. Marinar por 1 hora. Aqueça o óleo e frite o frango, metade de cada vez, até ficar claro. Retire do óleo e dcixe esfriar um pouco enquanto aquece o óleo. Volte o frango para a frigideira e frite até dourar e pronto. Escorra bem antes de servir.

Frango Gengibre

Para 4 pessoas

225g de frango em fatias finas

1 clara de ovo

pitada de sal

2,5 ml/½ colher de chá de amido de milho (amido de milho)

15 ml / 1 colher de sopa de óleo de amendoim

10 fatias de raiz de gengibre

6 cogumelos cortados ao meio

1 cenoura fatiada

2 cebolinhas (cebolinha), fatiadas

5 ml / 1 colher de chá de vinho de arroz ou xerez seco

5 ml / 1 colher de chá de água

2,5 ml / ½ colher de chá de óleo de gergelim

Misture o frango com a clara de ovo, o sal e a farinha de milho. Aqueça metade do óleo e frite o frango até dourar levemente e retire da frigideira. Aqueça o restante do azeite e frite o gengibre, os cogumelos, a cenoura e a cebolinha por 3 minutos. Retorne o frango à panela com o vinho ou xerez e água e cozinhe até que o frango esteja cozido. Sirva polvilhado com óleo de gergelim.

Frango ao gengibre com cogumelos e castanhas

Para 4 pessoas

60 ml / 4 colheres de sopa de óleo de amendoim
225g de cebola picada
450g/1lb de carne de frango, cortada em cubos
100g de cogumelos fatiados
30 ml / 2 colheres de sopa de farinha (para todos os fins)
60 ml / 4 colheres de sopa de molho de soja
10 ml / 2 colheres de chá de açúcar
sal e pimenta moída na hora
900 ml / 1½ pt / 3¾ xícaras de água quente
2 fatias de raiz de gengibre picada
450 g de castanhas d'água

Aqueça metade do azeite e frite a cebola por 3 minutos, depois retire da frigideira. Aqueça o restante do azeite e frite o frango até dourar levemente.

Adicione os cogumelos e refogue por 2 minutos. Polvilhe a mistura com a farinha e acrescente o molho de soja, o açúcar, o sal e a pimenta. Despeje a água e o gengibre, a cebola e as castanhas. Deixe ferver, tampe e cozinhe por 20 minutos. Retire a tampa e cozinhe até o molho reduzir.

frango dourado

Para 4 pessoas

8 pequenos pedaços de frango
300 ml / ½ pt / 1¼ xícara de caldo de galinha
45 ml / 3 colheres de sopa de molho de soja
15 ml / 1 colher de sopa de vinho de arroz ou xerez seco
5 ml / 1 colher de chá de açúcar
1 raiz de gengibre fatiada, finamente picada

Coloque todos os ingredientes em uma frigideira grande, deixe ferver, tampe e cozinhe por cerca de 30 minutos até que o frango esteja cozido. Retire a tampa e cozinhe até o molho reduzir.

Ensopado de Frango Dourado Marinado

Para 4 pessoas

4 pedaços de frango

300 ml / ½ pt / 1¼ xícara de molho de soja

óleo para fritar

4 cebolinhas (cebolinhas), em fatias grossas

1 fatia de raiz de gengibre, picada finamente

2 pimentões vermelhos fatiados

3 dentes de anis estrelado

50g/2oz de brotos de bambu, fatiados

150 ml / 1½ pts / ½ xícara generosa de caldo de galinha

30 ml / 2 colheres de sopa de amido de milho (amido de milho)

60 ml / 4 colheres de sopa de água

5 ml / 1 colher de chá de óleo de gergelim

Corte o frango em pedaços grandes e deixe marinar em molho de soja por 10 minutos. Retire e escorra, mas reserve o molho de soja. Aqueça o óleo e frite o frango até dourar levemente, cerca de 2 minutos. Retire e deixe escorrer. Despeje tudo, exceto 30ml / 2 colheres de sopa de óleo, em seguida, adicione a cebolinha, o gengibre, a pimenta e o anis estrelado e frite por

1 minuto. Retorne o frango para a panela com os brotos de bambu e o molho de soja reservado e adicione caldo suficiente para cobrir o frango. Deixe ferver e cozinhe por cerca de 10 minutos até que o frango esteja cozido. Retire o frango do molho com uma escumadeira e coloque em um prato quente. Coe o molho e retorne à panela. Misture o amido de milho e

Frango cozido no vapor com presunto

Para 4 pessoas

4 porções de frango

100 g de presunto defumado, fatiado

3 cebolinhas (cebolinha), picadas

15 ml / 1 colher de sopa de óleo de amendoim

sal e pimenta moída na hora

15 ml / 1 colher de sopa de salsa de folhas planas

Corte as porções de frango em pedaços de 5 cm e coloque-os numa assadeira com o presunto e a cebolinha. Polvilhe com azeite e tempere com sal e pimenta e misture delicadamente os ingredientes. Coloque a tigela em uma gradinha em uma panela a vapor, tampe e cozinhe em água fervente por cerca de 40 minutos até que o frango esteja cozido. Sirva decorado com salsa.

Frango com molho hoisin

Para 4 pessoas

4 porções de frango cortado ao meio
50 g / 2 onças / ½ xícara de farinha de milho (amido de milho)
óleo para fritar
10 ml / 2 colheres de chá de raiz de gengibre ralada
2 cebolas picadas
225 g de floretes de brócolis
1 pimentão vermelho fatiado
225g de cogumelos
250 ml/8 fl oz/1 xícara de caldo de galinha
45 ml / 3 colheres de sopa de vinho de arroz ou xerez seco
45 ml / 3 colheres de sopa de vinagre de cidra
45 ml / 3 colheres de sopa de molho hoisin
20 ml / 4 colheres de chá de molho de soja

Espalhe os pedaços de frango ao meio com fubá. Aqueça o óleo e frite os pedaços de frango um a um por cerca de 8 minutos até dourar e ficar pronto. Retire da panela e escorra em papel absorvente. Retire da panela todo o óleo, exceto 30 ml/2 colheres de sopa, e frite o gengibre por 1 minuto. Adicione a cebola e refogue por 1 minuto. Adicione o brócolis, o pimentão e os cogumelos e refogue por 2 minutos. Misture o caldo com a farinha de milho reservada e o restante dos ingredientes e despeje na panela. Deixe ferver, mexa e cozinhe até o molho ficar claro. Retorne o frango à wok e cozinhe, mexendo, até aquecer bem, cerca de 3 minutos.

frango com mel

Para 4 pessoas

30 ml / 2 colheres de sopa de óleo de amendoim
4 pedaços de frango
30 ml / 2 colheres de sopa de molho de soja
120 ml/4 fl oz/½ xícara de vinho de arroz ou xerez seco
30 ml / 2 colheres de sopa de mel
5 ml / 1 colher de chá de sal
1 cebolinha (cebolinha) picada
1 fatia de raiz de gengibre, picada finamente

Aqueça o azeite e frite o frango por todos os lados até dourar. Drene o excesso de óleo. Misture os ingredientes restantes e despeje-os na panela. Deixe ferver, tampe e cozinhe até que o frango esteja cozido, cerca de 40 minutos.

Frango Kung Pao

Para 4 pessoas

450g de frango em cubos

1 clara de ovo

5 ml / 1 colher de chá de sal

30 ml / 2 colheres de sopa de amido de milho (amido de milho)

60 ml / 4 colheres de sopa de óleo de amendoim

25 g de pimenta vermelha seca, descascada

5 ml / 1 colher de chá de alho picado

15 ml / 1 colher de sopa de molho de soja

15 ml/1 colher de sopa de vinho de arroz ou xerez seco 5 ml/1 colher de chá de açúcar

5 ml / 1 colher de chá de vinagre de vinho

5 ml / 1 colher de chá de óleo de gergelim

30 ml / 2 colheres de sopa de água

Coloque o frango numa tigela com a clara de ovo, o sal e metade do amido de milho e deixe marinar por 30 minutos. Aqueça o óleo e frite o frango até dourar levemente e retire da frigideira. Aqueça o azeite e frite os pimentões e o alho por 2 minutos. Retorne o frango à panela com o molho de soja, o vinho ou xerez, o açúcar, o vinagre de vinho e o óleo de gergelim e refogue por 2 minutos. Misture o restante da farinha de milho com a água, coloque na panela e leve ao fogo baixo, mexendo, até o molho clarear e engrossar.

Frango com alho-poró

Para 4 pessoas

30 ml / 2 colheres de sopa de óleo de amendoim
5 ml / 1 colher de chá de sal
225 g de alho-poró cortado em rodelas
1 fatia de raiz de gengibre, picada finamente
225g de frango em fatias finas
15 ml / 1 colher de sopa de vinho de arroz ou xerez seco
15 ml / 1 colher de sopa de molho de soja

Aqueça metade do azeite e frite o sal e o alho-poró até dourar levemente e retire da frigideira. Aqueça o restante do azeite e frite o gengibre e o frango até dourar levemente. Adicione o vinho ou xerez e o molho de soja e frite por mais 2 minutos até que o frango esteja cozido. Retorne o alho-poró para a panela e mexa até aquecer. Sirva imediatamente.

frango com limão

Para 4 pessoas

4 peitos de frango desossados

2 ovos

50 g / 2 onças / ½ xícara de farinha de milho (amido de milho)

50 g / 2 onças / ½ xícara de farinha (multiuso)

150 ml / ¼ pt / bastante ½ xícara de água

óleo de amendoim (amendoim) para fritar

250 ml/8 fl oz/1 xícara de caldo de galinha

60 ml / 5 colheres de sopa de suco de limão

30 ml / 2 colheres de sopa de vinho de arroz ou xerez seco

30 ml / 2 colheres de sopa de amido de milho (amido de milho)

30 ml / 2 colheres de sopa de molho de tomate (pasta)

1 cabeça de alface

Corte cada filé de frango em 4 pedaços. Misture os ovos, o amido de milho e a farinha e adicione água suficiente para fazer uma massa espessa. Adicione os pedaços de frango à massa e misture até revestir completamente. Aqueça o óleo e frite o frango até dourar e ficar pronto.

Enquanto isso, misture o caldo, o suco de limão, o vinho ou xerez, a farinha de milho e a pasta de tomate e aqueça delicadamente, mexendo, até ferver. Cozinhe em fogo baixo, mexendo sempre, até o molho engrossar e clarear. Coloque o frango em uma travessa quente sobre uma cama de folhas de alface e despeje o molho por cima ou sirva separadamente.

Frango salteado com limão

Para 4 pessoas

450g/1lb de frango desossado, fatiado
30 ml / 2 colheres de sopa de suco de limão
15 ml / 1 colher de sopa de molho de soja
15 ml / 1 colher de sopa de vinho de arroz ou xerez seco
30 ml / 2 colheres de sopa de amido de milho (amido de milho)
30 ml / 2 colheres de sopa de óleo de amendoim
2,5 ml / ½ colher de chá de sal
2 dentes de alho esmagados
50 g de castanhas-d'água cortadas em tiras
50g de brotos de bambu cortados em tiras
algumas folhas chinesas cortadas em tiras
60 ml / 4 colheres de sopa de caldo de galinha
15 ml / 1 colher de sopa de purê de tomate (pasta)
15 ml / 1 colher de sopa de açúcar
15 ml / 1 colher de sopa de suco de limão

Coloque o frango em uma tigela. Misture o suco de limão, o molho de soja, o vinho ou xerez e 15ml/1 colher de sopa de farinha de milho, regue com o frango e deixe marinar por 1 hora, mexendo de vez em quando.

Aqueça o azeite, o sal e o alho até o alho ficar levemente dourado, depois acrescente o frango e a marinada e frite por cerca de 5 minutos até o frango ficar levemente dourado. Adicione as castanhas-d'água, os brotos de bambu e as folhas chinesas e frite por mais 3 minutos ou até que o frango esteja cozido. Adicione os ingredientes restantes e refogue por cerca de 3 minutos até o molho clarear e engrossar.

Fígado de frango com broto de bambu

Para 4 pessoas

225g de fígado de frango cortado em fatias grossas
45 ml / 3 colheres de sopa de vinho de arroz ou xerez seco
45 ml / 3 colheres de sopa de óleo de amendoim
15 ml / 1 colher de sopa de molho de soja
100g/4oz de brotos de bambu, fatiados
100 g de castanhas d'água fatiadas
60 ml / 4 colheres de sopa de caldo de galinha
sal e pimenta moída na hora

Misture os fígados de frango com o vinho ou o xerez e deixe descansar por 30 minutos. Aqueça o óleo e frite os fígados de frango até dourar levemente. Adicione a marinada, o molho de soja, o broto de bambu, as castanhas-d'água e o caldo. Deixe ferver e tempere com sal e pimenta. Cubra e cozinhe até ficar macio, cerca de 10 minutos.

fígados de frango frito

Para 4 pessoas

450g/1lb de fígado de frango, dividido pela metade
50 g / 2 onças / ½ xícara de farinha de milho (amido de milho)
óleo para fritar

Seque os fígados de frango e polvilhe com amido de milho, sacudindo o excesso. Aqueça o óleo e frite os fígados de frango por alguns minutos até dourar e ficar pronto. Escorra em papel absorvente antes de servir.

Fígados de frango com ervilhas

Para 4 pessoas

225g de fígado de frango cortado em fatias grossas
10 ml / 2 colheres de chá de farinha de milho (amido de milho)
10 ml/2 colheres de chá de vinho de arroz ou xerez seco
15 ml / 1 colher de sopa de molho de soja
45 ml / 3 colheres de sopa de óleo de amendoim
2,5 ml / ½ colher de chá de sal
2 fatias de raiz de gengibre, picadas finamente
100 g de ervilhas
10 ml / 2 colheres de chá de farinha de milho (amido de milho)
60 ml / 4 colheres de sopa de água

Coloque os fígados de frango em uma tigela. Adicione a farinha de milho, o vinho ou xerez e o molho de soja e mexa bem. Aqueça metade do azeite e frite o sal e o gengibre até dourar. Adicione o mastigável e refogue até ficar bem coberto de óleo e retire da panela. Aqueça o restante do azeite e frite os fígados de frango por 5 minutos. Misture o amido de milho e a água até formar uma pasta, coloque na panela e cozinhe em fogo baixo, mexendo, até o molho ficar claro e espesso. Retorne o tigre para a panela e cozinhe até aquecer.

Fígado de frango com panqueca de macarrão

Para 4 pessoas

30 ml / 2 colheres de sopa de óleo de amendoim

1 cebola picada

450g/1lb de fígado de frango, dividido pela metade

2 talos de aipo fatiados

120 ml/4 fl oz/½ xícara de caldo de galinha

15 ml / 1 colher de sopa de amido de milho (amido de milho)

15 ml / 1 colher de sopa de molho de soja

30 ml / 2 colheres de sopa de água

panqueca de macarrão

Aqueça o azeite e frite a cebola até ficar macia. Adicione os fígados de frango e frite até dourar. Adicione o aipo e refogue por 1 minuto. Adicione o caldo, deixe ferver, tampe e cozinhe por 5 minutos. Misture a farinha de milho, o molho de soja e a água até formar uma pasta, mexa na panela e cozinhe em fogo baixo, mexendo, até o molho ficar claro e espesso. Despeje a mistura na fôrma e sirva.

Fígados de frango com molho de ostra

Para 4 pessoas

45 ml / 3 colheres de sopa de óleo de amendoim

1 cebola picada

225 g de fígado de frango cortado ao meio

100g de cogumelos fatiados

30 ml / 2 colheres de sopa de molho de ostra

15 ml / 1 colher de sopa de molho de soja

15 ml / 1 colher de sopa de vinho de arroz ou xerez seco

120 ml/4 fl oz/½ xícara de caldo de galinha

5 ml / 1 colher de chá de açúcar

15 ml / 1 colher de sopa de amido de milho (amido de milho)

45 ml / 3 colheres de sopa de água

Aqueça metade do azeite e frite a cebola até ficar macia. Adicione os fígados de frango e frite até dourar. Adicione os cogumelos e refogue por 2 minutos. Misture o molho de ostra, o molho de soja, o vinho ou xerez, o caldo e o açúcar, despeje na panela e leve à fervura mexendo sempre. Misture a farinha de milho e a água até formar uma pasta, coloque na panela e cozinhe em fogo baixo, mexendo, até o molho clarear e engrossar e os fígados ficarem macios.

Fígado de frango com abacaxi

Para 4 pessoas

225 g de fígado de frango cortado ao meio
45 ml / 3 colheres de sopa de óleo de amendoim
30 ml / 2 colheres de sopa de molho de soja
15 ml / 1 colher de sopa de amido de milho (amido de milho)
15 ml / 1 colher de sopa de açúcar
15 ml / 1 colher de sopa de vinagre de vinho
sal e pimenta moída na hora
100 g de abacaxi em pedaços
60 ml / 4 colheres de sopa de caldo de galinha

Escalde os fígados de frango em água fervente por 30 segundos e depois escorra. Aqueça o óleo e frite os fígados de frango por 30 segundos. Misture o molho de soja, o amido de milho, o açúcar, o vinagre de vinho, o sal e a pimenta, despeje na panela e misture bem para cobrir os fígados de frango. Adicione os pedaços de abacaxi e o caldo e refogue por cerca de 3 minutos até que os fígados estejam cozidos.

Fígados de frango agridoce

Para 4 pessoas

30 ml / 2 colheres de sopa de óleo de amendoim
450g/1lb de fígado de frango, dividido em quatro
2 pimentões verdes cortados em pedaços
4 fatias de abacaxi em lata, cortadas em pedaços
60 ml / 4 colheres de sopa de caldo de galinha
30 ml / 2 colheres de sopa de amido de milho (amido de milho)
10 ml / 2 colheres de chá de molho de soja
100 g / 4 onças / ½ xícara de açúcar
120 ml/4 fl oz/½ xícara de vinagre de vinho
120 ml/4 fl oz/½ xícara de água

Aqueça o azeite e frite os fígados até dourar levemente, depois coloque-os em uma tigela quente para servir. Adicione a pimenta à panela e refogue por 3 minutos. Adicione o abacaxi e o caldo, deixe ferver, tampe e cozinhe por 15 minutos. Misture os ingredientes restantes até formar uma pasta, coloque na panela e cozinhe em fogo baixo, mexendo, até o molho engrossar. Despeje sobre os fígados de frango e sirva.

Frango Lichia

Para 4 pessoas

3 filés de frango
60 ml / 4 colheres de sopa de amido de milho (amido de milho)
45 ml / 3 colheres de sopa de óleo de amendoim
5 cebolinhas (cebolinhas), fatiadas
1 pimentão vermelho cortado em pedaços
120 ml/4 fl oz/½ xícara de molho de tomate
120 ml/4 fl oz/½ xícara de caldo de galinha
5 ml / 1 colher de chá de açúcar
275g/10oz de lichias descascadas

Corte os peitos de frango ao meio e retire e descarte os ossos e a pele. Corte cada peito em 6. Reserve 5ml/1 colher de chá de farinha de milho e frite o frango com o restante até ficar bem revestido. Aqueça o óleo e frite o frango por cerca de 8 minutos até dourar. Adicione a cebolinha e a pimenta e refogue por 1 minuto. Misture o molho de tomate, metade do caldo e o açúcar e misture na wok com as lichias. Deixe ferver, tampe e cozinhe até que o frango esteja cozido, cerca de 10 minutos. Adicione o fubá e o caldo reservados e, em seguida, adicione a panela. Cozinhe em fogo baixo, mexendo, até o molho clarear e engrossar.

Frango com molho de lichia

Para 4 pessoas

225g de frango

1 cebolinha (chalota)

4 castanhas d'água

30 ml / 2 colheres de sopa de amido de milho (amido de milho)

45 ml / 3 colheres de sopa de molho de soja

30 ml / 2 colheres de sopa de vinho de arroz ou xerez seco

2 claras de ovo

óleo para fritar

400 g de lichias em conserva em calda

5 colheres de sopa de caldo de galinha

Pique finamente o frango com a cebolinha e as castanhas d'água. Misture metade da farinha de milho, 30 ml/2 colheres de sopa de molho de soja, vinho ou xerez e a clara de ovo. Forme bolas do tamanho de nozes com a mistura. Aqueça o azeite e frite o frango até dourar. Escorra em papel absorvente.

Enquanto isso, aqueça delicadamente a calda de lichia com o caldo e o molho de soja separadamente. Misture o restante da farinha de milho com um pouco de água, coloque na panela e leve ao fogo baixo, mexendo, até o molho clarear e engrossar.

Adicione as lichias e cozinhe para aquecer. Coloque o frango em uma travessa quente, regue com as lichias e o molho e sirva imediatamente.

Frango com ervilhas

Para 4 pessoas

225g de frango em fatias finas
5 ml / 1 colher de chá de farinha de milho (amido de milho)
5 ml / 1 colher de chá de vinho de arroz ou xerez seco
5 ml / 1 colher de chá de óleo de gergelim
1 clara de ovo levemente batida
45 ml / 3 colheres de sopa de óleo de amendoim
1 dente de alho esmagado
1 fatia de raiz de gengibre, picada finamente
100 g de ervilhas
120 ml/4 fl oz/½ xícara de caldo de galinha
sal e pimenta moída na hora

Misture o frango com a farinha de milho, o vinho ou xerez, o óleo de gergelim e a clara de ovo. Aqueça metade do azeite e refogue o alho e o gengibre até dourar levemente. Adicione o frango e frite até dourar e retire da frigideira. Aqueça o restante do óleo e frite a goma por 2 minutos. Adicione o caldo, deixe ferver, tampe e cozinhe por 2 minutos. Volte o frango para a panela e tempere com sal e pimenta. Cozinhe até ficar bem quente.

Frango com Manga

Para 4 pessoas

100 g / 4 onças / 1 xícara de farinha (multiuso)
250 ml/8 fl oz/1 xícara de água
2,5 ml / ½ colher de chá de sal
uma pitada de fermento em pó
3 filés de frango
óleo para fritar
1 fatia de raiz de gengibre, picada finamente
150 ml / ¼ pt / generoso ½ xícara de caldo de galinha
45 ml / 3 colheres de sopa de vinagre de vinho
45 ml / 3 colheres de sopa de vinho de arroz ou xerez seco
20 ml / 4 colheres de chá de molho de soja
10 ml / 2 colheres de chá de açúcar
10 ml / 2 colheres de chá de farinha de milho (amido de milho)
5 ml / 1 colher de chá de óleo de gergelim
5 cebolinhas (cebolinhas), fatiadas
400 g de manga em lata, escorrida e cortada em tiras

Misture a farinha, a água, o sal e o fermento. Deixe descansar por 15 minutos. Retire a pele e os ossos do frango e descarte. Corte o frango em tiras finas. Misture-os na mistura de farinha.

Aqueça o óleo e frite o frango por cerca de 5 minutos até dourar. Retire da panela e escorra em papel absorvente. Remova todo o óleo da wok, exceto 15ml/1 colher de sopa, e frite o gengibre até dourar levemente. Misture o caldo com vinagre de vinho, vinho ou xerez, molho de soja, açúcar, farinha de milho e óleo de gergelim. Adicione à panela e deixe ferver enquanto mexe. Adicione a cebolinha e cozinhe por 3 minutos. Adicione o frango e a manga e cozinhe por 2 minutos, mexendo.

frango e melão

Para 4 pessoas

350 gramas de carne de frango

6 castanhas d'água

2 vieiras descascadas

4 fatias de raiz de gengibre

5 ml / 1 colher de chá de sal

15 ml / 1 colher de sopa de molho de soja

600 ml / 1 pt / 2½ xícaras de caldo de galinha

8 melões melões pequenos ou 4 médios

Pique finamente o frango, as castanhas, as vieiras e o gengibre e misture com o sal, o molho de soja e o caldo. Corte as pontas dos melões e recolha as sementes. Vi as bordas superiores. Recheie os melões com a mistura de frango e coloque-os em uma gradinha no vaporizador. Cozinhe em água fervente por 40 minutos até que o frango esteja cozido.

Frango salteado e cogumelos

Para 4 pessoas

45 ml / 3 colheres de sopa de óleo de amendoim

1 dente de alho esmagado

1 cebolinha (cebolinha) picada

1 fatia de raiz de gengibre, picada finamente

225 g de filé de frango cortado em flocos

225g de cogumelos

45 ml / 3 colheres de sopa de molho de soja

15 ml / 1 colher de sopa de vinho de arroz ou xerez seco

5 ml / 1 colher de chá de farinha de milho (amido de milho)

Aqueça o azeite e refogue o alho, a cebolinha e o gengibre até dourar levemente. Adicione o frango e refogue por 5 minutos. Adicione os cogumelos e refogue por 3 minutos. Adicione o molho de soja, o vinho ou xerez e a farinha de milho e refogue por cerca de 5 minutos até que o frango esteja cozido.

Frango com cogumelos e amendoim

Para 4 pessoas

30 ml / 2 colheres de sopa de óleo de amendoim
2 dentes de alho esmagados
1 fatia de raiz de gengibre, picada finamente
450g/1lb de frango desossado, cortado em cubos
225g de cogumelos
100g de brotos de bambu cortados em tiras
1 pimentão verde cortado em cubos
1 pimentão vermelho picado
250 ml/8 fl oz/1 xícara de caldo de galinha
30 ml / 2 colheres de sopa de vinho de arroz ou xerez seco
15 ml / 1 colher de sopa de molho de soja
15 ml / 1 colher de sopa de molho Tabasco
30 ml / 2 colheres de sopa de amido de milho (amido de milho)
30 ml / 2 colheres de sopa de água

Aqueça o azeite, o alho e o gengibre até que o alho fique levemente dourado. Adicione o frango e refogue até dourar levemente. Adicione os cogumelos, os brotos de bambu e os pimentões e frite por 3 minutos. Adicione o caldo, o vinho ou xerez, o molho de soja e o molho Tabasco e deixe ferver mexendo sempre. Cubra e cozinhe até que o frango esteja cozido, cerca de 10 minutos. Misture o amido de milho e a água e adicione ao molho. Cozinhe, mexendo, até o molho clarear e engrossar, acrescentando um pouco mais de caldo ou água se o molho estiver muito grosso.

Frango salteado com cogumelos

Para 4 pessoas

6 cogumelos chineses secos

1 filé de frango em fatias finas

1 fatia de raiz de gengibre, picada finamente

2 cebolinhas (cebolinha), picadas

15 ml / 1 colher de sopa de amido de milho (amido de milho)

15 ml / 1 colher de sopa de vinho de arroz ou xerez seco

30 ml / 2 colheres de sopa de água

2,5 ml / ½ colher de chá de sal

45 ml / 3 colheres de sopa de óleo de amendoim

225 g de cogumelos fatiados

100g de broto de feijão

15 ml / 1 colher de sopa de molho de soja

5 ml / 1 colher de chá de açúcar

120 ml/4 fl oz/½ xícara de caldo de galinha

Mergulhe os cogumelos em água morna por 30 minutos e depois escorra. Retire os talos e corte a parte superior em rodelas. Coloque o frango em uma tigela. Misture o gengibre, a cebolinha, a farinha de milho, o vinho ou xerez, a água e o sal, acrescente o frango e deixe descansar por 1 hora. Aqueça metade do óleo e frite o frango até dourar levemente e retire da frigideira. Aqueça o restante azeite e frite os cogumelos frescos e secos e os rebentos de feijão durante 3 minutos. Adicione o molho de soja, o açúcar e o caldo, deixe ferver, tampe e cozinhe por 4 minutos até os legumes ficarem macios. Retorne o frango à panela, misture bem e aqueça delicadamente antes de servir.

Frango cozido no vapor com cogumelos

Para 4 pessoas

4 pedaços de frango
30 ml / 2 colheres de sopa de amido de milho (amido de milho)
30 ml / 2 colheres de sopa de molho de soja
3 cebolinhas (cebolinha), picadas
2 fatias de raiz de gengibre picada
2,5 ml / ½ colher de chá de sal
100g de cogumelos fatiados

Corte os pedaços de frango em pedaços de 5cm/2cm e coloque-os numa assadeira. Misture a farinha de milho e o molho de soja até formar uma pasta, acrescente a cebolinha, o gengibre e o sal e misture bem com o frango. Adicione cuidadosamente os cogumelos. Coloque a tigela em uma gradinha em uma panela a vapor, tampe e cozinhe em água fervente por cerca de 35 minutos até que o frango esteja cozido.

frango com cebola

Para 4 pessoas

60 ml / 4 colheres de sopa de óleo de amendoim

2 cebolas picadas

450g/1lb de frango fatiado

30 ml / 2 colheres de sopa de vinho de arroz ou xerez seco

250 ml/8 fl oz/1 xícara de caldo de galinha

45 ml / 3 colheres de sopa de molho de soja

30 ml / 2 colheres de sopa de amido de milho (amido de milho)

45 ml / 3 colheres de sopa de água

Aqueça o azeite e frite a cebola até dourar levemente. Adicione o frango e refogue até dourar. Adicione o vinho ou xerez, o caldo e o molho de soja, deixe ferver, tampe e cozinhe por 25 minutos até que o frango esteja cozido. Misture a farinha de milho e a água até formar uma pasta, coloque na panela e cozinhe em fogo baixo, mexendo, até o molho ficar claro e espesso.

Frango com Laranja e Limão

Para 4 pessoas

350 g/1 libra de carne de frango, cortada em tiras

30 ml / 2 colheres de sopa de óleo de amendoim

2 dentes de alho esmagados

2 fatias de raiz de gengibre, picadas finamente

raspas de ½ laranja

raspas de ½ limão

45 ml / 3 colheres de sopa de suco de laranja

45 ml / 3 colheres de sopa de suco de limão

15 ml / 1 colher de sopa de molho de soja

3 cebolinhas (cebolinha), picadas

15 ml / 1 colher de sopa de amido de milho (amido de milho)

45 ml / 1 colher de sopa de água

Escalde o frango em água fervente por 30 segundos e escorra. Aqueça o azeite e refogue o alho e o gengibre por 30 segundos. Adicione as raspas e o suco de laranja e limão, o molho de soja e a cebolinha e refogue por 2 minutos. Adicione o frango e cozinhe por alguns minutos até ficar cozido. Misture a farinha de milho e a água até formar uma pasta, coloque na panela e cozinhe em fogo baixo, mexendo, até o molho engrossar.

Frango com molho de ostra

Para 4 pessoas

30 ml / 2 colheres de sopa de óleo de amendoim
1 dente de alho esmagado
1 fatia de gengibre picado
450g/1lb de frango fatiado
250 ml/8 fl oz/1 xícara de caldo de galinha
30 ml / 2 colheres de sopa de molho de ostra
15 ml / 1 colher de sopa de vinho de arroz ou xerez
5 ml / 1 colher de chá de açúcar

Aqueça o azeite com o alho e o gengibre e frite até dourar levemente. Adicione o frango e refogue por cerca de 3 minutos até dourar levemente. Adicione o caldo, o molho de ostra, o vinho ou xerez e o açúcar, deixe ferver, mexendo, tampe e cozinhe por cerca de 15 minutos, mexendo de vez em quando, até que o frango esteja cozido. Retire a tampa e cozinhe, mexendo, até o molho reduzir e engrossar, cerca de 4 minutos.

Frango com Manteiga de Amendoim

Para 4 pessoas

4 filés de frango cortados em cubos
sal e pimenta moída na hora
5 ml/1 colher de chá de cinco especiarias em pó
45 ml / 3 colheres de sopa de óleo de amendoim
1 cebola picada
2 cenouras em cubos
1 talo de aipo picado
300 ml / ½ pt / 1¼ xícara de caldo de galinha
10 ml / 2 colheres de chá de extrato de tomate (concentrado)
100g de manteiga de amendoim
15 ml / 1 colher de sopa de molho de soja
10 ml / 2 colheres de chá de farinha de milho (amido de milho)
uma pitada de açúcar mascavo
15 ml / 1 colher de sopa de cebolinha picada

Tempere o frango com sal, pimenta e cinco especiarias em pó. Aqueça o óleo e frite o frango até ficar cozido. Retire da panela. Adicione os legumes e refogue até ficar cozido, mas ainda crocante. Misture o caldo com os demais ingredientes menos a cebolinha, misture na panela e leve para ferver. Retorne o frango à panela e aqueça enquanto mexe. Sirva polvilhado com açúcar.

Frango com Ervilhas

Para 4 pessoas

60 ml / 4 colheres de sopa de óleo de amendoim

1 cebola picada

450g/1lb de frango em cubos

sal e pimenta moída na hora

100g de ervilhas

2 talos de aipo picados finamente

100g de cogumelos picados

250 ml/8 fl oz/1 xícara de caldo de galinha

15 ml / 1 colher de sopa de amido de milho (amido de milho)

15 ml / 1 colher de sopa de molho de soja

60 ml / 4 colheres de sopa de água

Aqueça o azeite e frite a cebola até dourar levemente. Adicione o frango e refogue até dourar. Tempere com sal e pimenta e junte as ervilhas, o aipo e os cogumelos e misture bem. Adicione o caldo, deixe ferver, tampe e cozinhe por 15 minutos. Misture a farinha de milho, o molho de soja e a água até formar uma pasta, mexa na panela e cozinhe em fogo baixo, mexendo, até o molho ficar claro e espesso.

Frango Pequinês

Para 4 pessoas

4 porções de frango
sal e pimenta moída na hora
5 ml / 1 colher de chá de açúcar
1 cebolinha (cebolinha) picada
1 fatia de raiz de gengibre, picada finamente
15 ml / 1 colher de sopa de molho de soja
15 ml / 1 colher de sopa de vinho de arroz ou xerez seco
15 ml / 1 colher de sopa de amido de milho (amido de milho)
óleo para fritar

Coloque as porções de frango em uma tigela rasa e tempere com sal e pimenta. Misture açúcar, cebolinha, gengibre, molho de soja e vinho ou xerez, passe sobre o frango, tampe e deixe marinar por 3 horas. Escorra o frango e polvilhe com fubá. Aqueça o óleo e frite o frango até dourar e ficar pronto. Escorra bem antes de servir.

Frango com pimentão

Para 4 pessoas

60 ml / 4 colheres de sopa de molho de soja
45 ml / 3 colheres de sopa de vinho de arroz ou xerez seco
45 ml / 3 colheres de sopa de amido de milho (amido de milho)
450 g de frango picado (moído)
60 ml / 4 colheres de sopa de óleo de amendoim
2,5 ml / ½ colher de chá de sal
2 dentes de alho esmagados
2 pimentões vermelhos cortados em cubos
1 pimentão verde cortado em cubos
5 ml / 1 colher de chá de açúcar
300 ml / ½ pt / 1¼ xícara de caldo de galinha

Misture metade do molho de soja, metade do vinho ou xerez e metade da farinha de milho. Despeje sobre o frango, misture bem e deixe marinar por pelo menos 1 hora. Aqueça metade do azeite com o sal e o alho até que o alho fique levemente dourado. Adicione o frango e a marinada e frite por cerca de 4 minutos até o frango ficar branco, depois retire da frigideira. Adicione o restante do azeite na panela e refogue os pimentões por 2 minutos. Adicione o açúcar à panela com o restante do molho de soja, o vinho ou xerez e a farinha de milho e misture bem. Adicione o caldo, leve para ferver e cozinhe, mexendo, até engrossar o molho. Retorne o frango à panela, tampe e cozinhe por 4 minutos até que o frango esteja cozido.

Frango salteado com pimentão

Para 4 pessoas

1 filé de frango em fatias finas

2 fatias de raiz de gengibre, picadas finamente

2 cebolinhas (cebolinha), picadas

15 ml / 1 colher de sopa de amido de milho (amido de milho)

30 ml / 2 colheres de sopa de vinho de arroz ou xerez seco

30 ml / 2 colheres de sopa de água

2,5 ml / ½ colher de chá de sal

45 ml / 3 colheres de sopa de óleo de amendoim

100 g de castanhas d'água fatiadas

1 pimentão vermelho cortado em tiras

1 pimentão verde cortado em tiras

1 pimentão amarelo cortado em tiras

30 ml / 2 colheres de sopa de molho de soja

120 ml/4 fl oz/½ xícara de caldo de galinha

Coloque o frango em uma tigela. Misture o gengibre, a cebolinha, a farinha de milho, o vinho ou xerez, a água e o sal, acrescente o frango e deixe descansar por 1 hora. Aqueça metade do óleo e frite o frango até dourar levemente e retire da frigideira. Aqueça o restante do azeite e frite as castanhas-d'água e os pimentões por 2 minutos. Adicione o molho de soja e o caldo, deixe ferver, tampe e cozinhe por 5 minutos até os legumes ficarem macios. Retorne o frango à panela, misture bem e aqueça delicadamente antes de servir.

www.ingramcontent.com/pod-product-compliance
Lightning Source LLC
Chambersburg PA
CBHW050158130526
44591CB00034B/1317